U0560688

智慧健康养老服务
教学创新研究

谈玲芳　著

本书为2020年教育部首批国家级职业教育教师教学创新团队课题研究项目"养老服务职业教育教师发展中心的研究与实践"（课题编号：YB2020130101）研究成果；

亦受到北京市职业院校教师素质提高计划和北京劳动保障职业学院师资"结构化"培养资助项目的支持。

WUHAN UNIVERSITY PRESS
武汉大学出版社

图书在版编目(CIP)数据

智慧健康养老服务教学创新研究 / 谈玲芳著 . -- 武汉 : 武汉大学出版社, 2024.10(2025.5 重印) . -- ISBN 978-7-307-24578-5

Ⅰ. D669.6

中国国家版本馆 CIP 数据核字第 2024N9B396 号

责任编辑:黄　殊　　　责任校对:鄢春梅　　　版式设计:马　佳

出版发行:**武汉大学出版社**　　(430072　武昌　珞珈山)

(电子邮箱:cbs22@whu.edu.cn　网址:www.wdp.com.cn)

印刷:武汉邮科印务有限公司

开本:720×1000　　1/16　　印张:13.25　　字数:213 千字　　插页:1

版次:2024 年 10 月第 1 版　　2025 年 5 月第 2 次印刷

ISBN 978-7-307-24578-5　　　　定价:68.00 元

基金资助：本书为 2020 年教育部首批国家级职业教育教师教学创新团队课题研究项目"养老服务职业教育教师发展中心的研究与实践"（课题编号：YB2020130101）研究成果。

本书亦受到北京市职业院校教师素质提高计划和北京劳动保障职业学院师资"结构化"培养资助项目的支持。

前　　言

随着我国老龄化程度的不断加深，养老服务需求急剧增加，而专业人才却呈现严重匮乏的态势。智慧养老模式的兴起，将现代科技与养老服务结合，不仅提升了服务效率和质量，还推动了养老产业的全面升级。随着智慧健康养老技术的广泛应用，养老产业得到快速发展，特别是数字化转型升级带来了日益增加的人才需求。因此，培养能够适应智慧养老技术发展的高素质专业人才，已成为当务之急。

职业教育在应对这一挑战的实践中发挥着关键作用。国家陆续出台政策措施，强化"双师型"教师队伍建设和优化人才培养体系。职业教育的跨界性和复杂性要求我们对专业进行深度规划，以适应多样化的教学需求，不仅重视产教融合、校企合作，还强调专业、职业与产业的跨界融合。本书系统地探讨智慧健康养老服务领域的教学创新，涵盖教师发展、人才培养和课程改革三个方面，旨在为解决养老服务人才短缺问题提供理论支持和实践指导。

在教师发展篇中，本书深入分析了人口老龄化背景下对养老服务人才培养的紧迫需求，探讨了积极应对老龄化的相关政策和职业教育在应对老龄化挑战中的战略作用。并通过对全国养老服务相关专业教师的发展现状进行调查研究，揭示了当前教师的发展状况及其影响因素，深入了解教师的需求和面临的挑战，进而提出了促进"双师型"教师发展的对策。基于调查数据，我们探索了建立养老服务领域教师发展中心的路径，实施分层分类的教师发展策略，以满足不同教师群体的需求，进一步提升养老服务职业教育的质量，推动其可持续发展。借鉴国内外成功经验，并基于北京劳动保障职业学院的国家级创新团队建设成果，我们提出了"三融合协同建设"和"三创新驱动发展"的结构化教学团队建设路径，通过TPACK能力框架和三叶草模型推进教师职业发展辅导及多策略支持，在师德师风、专业建设、课程建设、资源开发、实训项目开发和工匠之师的培养六个维度上取得了显著成效。此外，个性化双师成长档案可以为职业教育相关机构和人士制订教师发展策略提供重要参考。这些研究成果和实践经验为同类院校教学团队建设和"双师型"教师发展提供了有益借鉴。

在人才培养篇，首先介绍了七年制贯通人才培养模式试点与改革的研究与实践，即通过设定系统化的教育路径，实现从高中、高职到本科教育的无缝衔接。这种贯通培养模式在提升教育质量、学生就业及行业需求对接方面显示出明显优势，尽管也存在挑战，但其在提高教育效率和培养高质量专业人才方面的潜力得到了充分验证。接着，回顾京津冀职业院校养老服务技能大赛的相关情况并总结经验，分析了其对养老服务特色专业建设的促进作用。比赛不仅促进了校际交流和校企合作，还有效提升了学生的职业素养和能力，扩大了社会对专业化养老服务的认可度。

此外，本书还探讨了养老服务专业人才的职业认同问题，提出从社会各层面采取适当措施以提高人们对养老服务工作的认可和尊重，提升专业人才的职业认同感。典型案例部分展示了以"时间银行"为特征的劳动教育育人体系，探索了"家校行企社"五位一体的协同育人模式，并介绍了北京劳动保障职业学院通过建立"劳动教育综合性实践平台"，将志愿服务融入"时间银行"平台，培养学生的专业素养、传承养老文化，创新劳动育人理念、平台和路径的相关情况。这些研究和实践经验对人才培养具有重要的现实价值。

在课程改革篇，本书从职业成长视角探讨了"老年人能力评估"课程的思政设计与实践，以及基于建构主义课程观的"老年服务沟通"课程的开发研究。通过对课程内容、教学方法和评价方式的改革，提升了课程的实效性和针对性，引导学生主动探索职业成长路径，并提供丰富多样的学习体验。同时，引入"运用5E教学模式的综合实践课程改革"案例，将理论与实践相结合，提升了学生对社区居家失能老年人照护需求的理解，增强了他们的实践能力、社会责任感，以及对养老服务职业的认同感，激发了他们关注行业新标准和新技术的热情，并坚定了从事养老护理职业的信心。"老年人能力评估"课程被评为国家级职业教育精品在线开放课程，接入国家智慧教育公共服务平台后，获得了多所院校师生和企业用户的积极反馈。

本书的研究内容主要来自作者和教学团队在一线教学中的实践与探索。得益于众多教育工作者、政策制定者以及行业专家的支持与指导，我们在智慧健康养老服务教学创新领域取得了一些成绩。但仍有许多不足之处，希望本书的出版能够为养老服务教育研究者提供一些有益的理论资源和实践经验，为政策制定者、教育管理者和一线教师提供参考，也希望更多的教育工作者能参与其中，共同探讨和解决养老服务教育中的问题，推动智慧健康养老服务事业的发展，为我国数以亿计的老年人提供更高质量的养老服务。

最后，衷心感谢所有关心和支持本书出版的朋友们。感谢教育部首批国家级职业教育教师教学创新团队课题研究项目、北京市职业院校教师素质提高计划和北京劳动保障职业学院师资"结构化"培养资助项目对本书的支持。感谢武汉大学出版社在本书出版过程中给予的支持与帮助。希望通过大家的共同努力，我们能够为应对人口老龄化的挑战提供坚实的智力支持，迎来一个更加美好的未来。

谈玲芳

2024 年 6 月

目 录

人才培养篇

课程改革篇

教师发展篇

　　教师的成长是提升教育质量和推动教育创新的核心要素。在智慧健康等新兴领域不断发展的今天，教师不仅要持续学习，更要具备创新能力，才能适应时代的需求。正如陶行知所言："我们做教师的人，必须天天学习，天天进行再教育，才能有教学之乐而无教学之苦。"教师的发展不仅关乎个人成长，还对教育体系在新时代的可持续发展具有深远影响。通过专业学习、自我反思和创新实践，教师能够更好地应对智慧健康等领域的新挑战，推动教育与产业深度融合，培养出适应未来需求的高素质人才。

新时代背景下的养老服务人才培养与
教师发展：政策、理论与实践

人口老龄化是社会发展的重要趋势，也是人类文明进步的重要体现。我国自1999年进入老龄化社会以来，老年人口规模日益庞大、老龄化程度日益加深。人口老龄化对经济运行、社会建设、社会文化等多方面都带来了挑战。我国积极推进养老服务体系建设，提出了全面推进"健康中国"建设和"积极应对人口老龄化"的国家战略，对于全面建设社会主义现代化国家具有重要意义。

随着我国人口老龄化进程的加快，社会对养老服务的需求日益增加，对专业养老服务人才培养与具备双师型教师素质的教学团队要求也愈发迫切。本书系统梳理了近年来我国在养老服务人才培养与教师发展方面的政策、理论研究与实践情况，期望为构建高质量的养老服务人才培养体系提供理论依据和实践指导，从而有效应对人口老龄化带来的挑战，为我国养老服务行业的可持续发展奠定坚实的人才基础。

一、人口老龄化对养老服务人才培养提出紧迫需求

（一）我国人口老龄化程度加深

我国是世界上老年人口最多的国家，也是人口老龄化发展速度最快的国家。数据显示，截至2022年年末，全国60周岁及以上老年人口超过2.8亿，占总人口的19.8%；全国65周岁及以上老年人口达2.1亿，占总人口的14.9%，人口老龄化形势严峻。① 2022年联合国发布的报告预测，到2050年，我国将进入重

---

① 民政部.2022年度国家老龄事业发展公报［EB/OL］.（2023-12-14）［2024-02-14］. https://www.mca.gov.cn/n152/n165/c1662004999979996614/attr/315138.pdf.

度老龄化社会，60 岁及以上老年人口将超过 5 亿人。[①] 我国的人口老龄化具有老年人口规模巨大、老龄化进程速度快、应对人口老龄化任务重三个显著特征。

(二)老年人口不健康与失能期长、负担重

我国当前的老年人健康状况不容乐观，增龄伴随的认知功能、运动能力、感官功能下降以及营养、心理等健康问题日益突出，78% 以上的老年人至少患有一种慢性病，失能老年人数量持续增加。相较老年人的健康需求，与健康老龄化相关的机构、队伍、服务和政策支持不足。[②] 中国老龄科学研究中心的研究显示，截至 2022 年年末，我国半失能、失能和失智老人约 4400 万；80 岁以上的高龄老人中，失能、半失能率达 40% 左右。失能老年人都需要不同程度的长期照护，否则无法建立起"正常"生活。[③] 北京大学的研究显示，失能人口老龄化的挑战成为我国日益突出的问题，预测到 2030 年，我国失能老年人口将超过 7700 万，失能老年人将经历 7.44 年的失能期。[④] 山东第一医科大学的研究显示，我国失能老年人口规模大、增长快、给家庭和社会带来沉重经济负担，预计到 2050 年失能老年人人均费用约为 2020 年的 7 倍。[⑤]

(三)养老服务需求激增而供给不足、人才缺口巨大

老年人是慢性病的主要患病人群，且慢性病具有患病率高、复发率高、患病周期长的特性，日益增加的老年慢性病患者对社会保障体系和医疗养老服务提出

[①] United Nations. World Population Prospects 2022[EB/OL]. (2024-02-14)[2024-02-14]. https://population.un.org/wpp/.

[②] 国家卫生健康委员会."十四五"健康老龄化规划(国卫老龄发〔2022〕4 号)[EB/OL]. (2022-02-07)[2024-02-14]. http://www.nhc.gov.cn/lljks/pqt/202203/c51403dce9f24f5882abe13962732919.shtml.

[③] 党俊武，王莉莉.中国老龄产业发展报告(2021—2022)[M].北京：社会科学文献出版社，2023.

[④] Yanan L, Binbin S, Xiaoying Z. Trends and Challenges for Population and Health During Population Aging-China, 2015-2050[J]. China CDC Weekly, 2021, 3(28): 593-598.

[⑤] Yang Y, Du Z, Liu Y, Lao J, Sun X, Tang F. Disability and the Risk of Subsequent Mortality in Elderly: A 12-year Longitudinal Population-based Study[J]. BMC Geriatrics, 2021, 21(1): 662.

了巨大的挑战。不健康、失能、失智老年人口规模迅猛增长，从个人以及国家的角度来看，社会对于科学化、专业化的长期照护服务需求日益高涨。

在国家大力支持社区养老服务发展的宏观政策背景下，我国养老服务业发展已具有相当的规模。截至 2022 年年末，全国共有各类养老机构和设施 38.7 万个，养老床位合计 829.4 万张。其中，养老机构 4.1 万个，床位 518.3 万张；社区养老服务机构和设施 34.6 万个，床位 311.1 万张。但目前的行业供给与庞大的老年人服务需求之间，存在显著的差距。汪连杰预测了 2020—2060 年中国养老服务床位所需数量及护理型床位所需总量。结果显示，2024 年养老服务床位总需求为 849.6 万张(其中，护理型床位需求占比 30.9%)，2040 年养老服务床位总需求为 1212.9 万张(其中，护理型床位需求占比 38.3%)，2060 年养老服务床位总需求为 1218.8 万张(其中，护理型床位需求占比 45.4%)。可见，一方面，当前养老床位总量基本能满足需求，另一方面，护理型床位需求占比很高，且在未来几十年对护理型床位需求的增长速度明显高于总床位增长速度，需要各方合力才能更好地满足失能老年人对护理型床位的需求。①

汪连杰基于"中国健康与养老追踪调查数据""中国老年家庭与养老服务全面调查数据"等相关数据，按照国家养老护理员照料标准(不考虑家庭照料的情况下)，预测了 2020—2060 年中国老年护理市场劳动力需求规模，结果显示，2020 年老年护理劳动力(指为保障老年人日常照料、健康护理及精神慰藉等服务所需要的养老护理员)需求为 180 万人，其中失能护理劳动力需求为 90 万人。对比老年护理劳动力需求量，根据现有公开数据，截至 2020 年底，我国养老机构职工人数为 51.8 万人，社区养老服务机构和设施达 32.9 万个，职工人数为 70.9 万人，合计 122.7 万人，其中包括行政管理、后勤保障、长期护理等各类岗位的职工。同时，数据显示，截至 2020 年年末，在养老机构职工中，专业技术人员 37.9 万人(不足 3/4)，大学专科及以上人员 12.3 万人(不足 1/4)，平均 4 位老人配备一名工作人员。②③ 可见，从业人员总数与实际需求有很大差距，专业化

---

① 汪连杰. 失能老年人长期护理的需求规模评估、费用测算与经济效应预测[J]. 残疾人研究，2021(1)：39-50.

② 中国民政统计年鉴(2021)[M]. 北京：中国社会出版社，2021.

③ 北京泰康溢彩公益基金会，等. 长寿时代中国养老机构高质量发展研究报告[EB/OL]. (2022-11)[2024-02-14]. https：//mp. weixin. qq. com/s/RaxMGybuhtmjyDnt1K5-Ng.

人员数量严重不足。

中国老龄科学研究中心于 2022 年对全国 13 个省区市开展的一项调查显示，74.9%的养老服务机构认为"人力资源供应不足"，85.6%的养老服务机构缺乏养老护理员，康复治疗师、心理咨询师、医生、护士、社会工作者、基层管理人员、健康管家等人才也在一定程度上紧缺。[①]

虽然对不健康、失能老年人口以及劳动力需求的测算结果不尽相同，但因失能人口基数大、增速快而加剧照护队伍短缺的状况是普遍的共识。[②]

相关数据显示，养老服务机构 40 岁以上的员工占到五成以上，高中以下学历占七成，养老护理队伍的人数和专业技能都远远落后于现实需求。中国老龄科学研究中心的调查显示，长期从事养老服务的人才占比低，约五成受访者从业不满 3 年，七成受访者从业不满 5 年(这说明养老行业比较缺乏经验丰富的长期从业者，同时也存在人才逐渐流失的风险)。研究认为，对养老服务机构而言，人才不足是最严重的问题；对养老服务人员而言，工作时间偏长(五成受访者日均工作 10 小时以上)、工作任务偏重(44.5%的受访者称一人照料 5 名以上老年人)、收入水平偏低、社会地位不高是主要问题。

二、积极应对老龄化政策推动养老服务人才队伍建设

(一)实施积极应对人口老龄化的国家战略

党的十八大以来，我国养老服务制度体系加快完善，基本养老服务的公平性、可及性不断提高。然而，基本养老服务依然是新时代养老服务工作的短板和弱项，需要进一步解决养老服务方面存在的种种问题。

按照党的十九大决策部署，2019 年中共中央、国务院印发《国家积极应对人口老龄化中长期规划》，提出实施积极应对人口老龄化的国家战略，中期至 2035

---

① 中国老龄科学研究中心，新疆兵团养老行业协会. 养老服务人才状况调查报告[EB/OL]. (2023-4)[2024-02-14]. http://www.crca.cn/images/2023-4.pdf.

② 安超，王杰秀. 老年照护人才队伍建设：在新机遇中寻求新突破[J]. 社会政策研究，2022(1)：3-19.

年，远期展望至 2050 年，坚持以供给侧结构性改革为主线，构建长远的制度框架，制定见实效的重大政策。① 其中，具体任务之一是改善人口老龄化背景下的劳动力有效供给，确保积极应对人口老龄化的人力资源总量足、素质高。

党的二十大报告指出，以习近平新时代中国特色社会主义思想为指导，坚持以人民为中心的发展思想，实施积极应对人口老龄化国家战略，推动实现全体老年人享有基本养老服务。2023 年中共中央办公厅、国务院办公厅印发《关于推进基本养老服务体系建设的意见》，确定了基本养老服务体系的内涵和主要任务，提出要健全基本养老服务体系，更好地保障老年人生活。② 2024 年，国务院办公厅印发 1 号文件《关于发展银发经济增进老年人福祉的意见》（下文简称 1 号文件），提出加强智慧健康养老服务与管理的研究与应用，建立全方位、全生命周期的优质高效养老服务体系，积极应对人口老龄化程度加深的形势，满足因人口老龄化而形成的需求。③

（二）养老服务人才队伍建设的新举措

积极应对人口老龄化的国家战略，对养老服务人才队伍建设提出了新的要求。《2022 年度国家老龄事业发展公报》指出，我国持续优化中职、高职专科和高职本科养老服务相关专业设置，2022 年相关专业布点 4219 个。《"十四五"国家老龄事业发展和养老服务体系规划》指出，要实施养老服务人才队伍建设行动，包括养老服务人才队伍扩容、培养和提质，增设养老服务相关本科专业，动态调整养老服务领域职业教育专业目录，扩大养老服务技术技能人才培养规模，并加强对老年医学人才和为老服务人才的培养，通过培训和实践提升他们的服务能

---

① 国务院. 国家积极应对人口老龄化中长期规划［EB/OL］.（2019-11-21）［2024-02-14］. https：//www.gov.cn/xinwen/2019-11/21/content_5454347. htm.

② 中共中央办公厅、国务院办公厅. 关于推进基本养老服务体系建设的意见［EB/OL］.（2023-05-21）［2024-02-14］. https：//www.gov.cn/gongbao/2023/issue_10506/202306/content_6885267. html.

③ 国务院办公厅. 关于发展银发经济增进老年人福祉的意见（国办发［2024］1 号）［EB/OL］.（2024-01-15）［2024-02-14］. https：//www.gov.cn/gongbao/2024/issue_11126/202401/content_6928803. html.

力。① 2024年1号文件指出，支持和引导普通高校、职业院校结合自身优势和社会需求增设银发经济相关专业，合理确定老年学、药学、养老服务、健康服务、护理等专业的招生规模；鼓励开展养老护理等职业技能等级培训及评价，支持校企合作共建产教融合实训基地。2024年1月，民政部等十二部门印发《关于加强养老服务人才队伍建设的意见》，指出加强养老服务人才队伍建设，有利于引领和带动整个养老从业人员队伍素质的提升，是实施积极应对人口老龄化国家战略和新时代人才强国战略、推动新时代新征程养老服务高质量发展的重要举措，并进一步明确各部门在加强养老服务人才队伍建设中发挥的重要作用：教育部门要加强养老服务人才专业教育培养，优化完善养老服务相关专业设置，支持和引导各类院校加大养老服务人才培养培训力度；财政部门要协同完善养老服务人才保障激励政策措施；发展改革、住房城乡建设、农业农村、商务、卫生健康、市场监管、税务等部门要依职责做好与养老服务人才队伍建设有关的工作。②

总的来说，我国政府高度重视银发经济和养老服务发展，通过完善养老服务体系、加强人才队伍建设、推动智慧健康养老服务等举措，致力于提高老年人福祉，满足因老龄化而带来的老年人对多样化、多层次、高品质养老服务的需求。

三、职业教育在应对老龄化挑战中的战略作用

（一）职业教育的发展历程回顾

我国职业教育在服务社会主义现代化建设的过程中，逐步实现了从规模扩展到全面发展、从制度初建到优化完善、从稳步改革到深化变革的转变，为迈向职教强国奠定了坚实基础。

---

① 国务院."十四五"国家老龄事业发展和养老服务体系规划[EB/OL].（2022-02-21）[2024-02-14]. https：//www. gov. cn/zhengce/zhengceku/2022/02/21/content_5674844. htm.

② 民政部、国家发展改革委、教育部、财政部、人力资源和社会保障部、住房城乡建设部、农业农村部、商务部、国家卫生健康委、市场监管总局、税务总局、全国老龄办. 关于加强养老服务人才队伍建设的意见[EB/OL].（2024-01-29）[2024-02-14]. https：//www. gov. cn/zhengce/zhengceku/202401/content_6929136. htm.

自 20 世纪 80 年代经济复苏以来，我国的职业教育迅速扩展，形成了普通教育与职业教育并行的体系。1980 年，邓小平同志指示调整全国中等教育结构，重点发展职业技术教育。1985 年，中共中央提出《关于教育体制改革的决定》，明确要求调整中等教育结构，大力发展职业技术教育，并建立结构合理的职业技术教育体系，培养有文化、懂技术、业务熟练的劳动者。1991 年，国务院发布《关于大力发展职业技术教育的决定》，强调职业技术教育的战略地位和作用。1996 年，全国人大常委会颁布《中华人民共和国职业教育法》，明确职业教育的地位、作用及管理体制，并将"职业技术教育"改称为"职业教育"。1999 年，中共中央、国务院发布《关于深化教育改革全面推进素质教育的决定》，提出积极发展包括普通教育和职业教育在内的高中阶段教育和高等职业教育。2002 年至 2012 年，职业教育法治化建设进一步加强，形成职前、职后教育协调推进的发展格局。党的十八大以来，政府将职业教育定位为国家战略，加快现代职业教育的发展步伐。2014 年发布的《关于加快发展现代职业教育的决定》和《现代职业教育体系建设规划（2014—2020 年）》，明确了职业教育的现代化路径。

2019 年，国务院印发《国家职业教育改革实施方案》①，系统地总结了改革开放以来职业教育所取得的成果和经验，并将其理论升华为全局策略，使得党和国家关于"把职业教育摆在教育改革创新和经济社会发展更加突出的位置"的指示落到了实处。该方案提出，职业教育与普通教育是两种不同教育类型，具有同等重要地位，并明确了对高等职业院校的改革要求："高等职业学校要培养服务区域发展的高素质技术技能人才""在学前教育、护理、养老服务、健康服务、现代服务业等领域，扩大对初中毕业生实行中高职贯通培养的招生规模""启动实施中国特色高水平高等职业学校和专业建设计划，建设一批引领改革、支撑发展、中国特色、世界水平的高等职业学校和骨干专业（群）"。《中国教育现代化 2035》和《关于加快推进教育现代化实施方案（2018—2022 年）》等推动教育现代化的指导性文件相衔接，充分针对科技发展趋势、经济结构转型、产业产能升级和市场发展需求，明确了职业教育要实现"三个转变"，即"由政府举办为主向政府

---

① 国务院. 国家职业教育改革实施方案（国发〔2019〕4 号）〔EB/OL〕.（2019-01-24）〔2024-02-14〕. https：//www.gov.cn/gongbao/content/2019/content_5368517.htm.

统筹管理、社会多元办学的格局转变，由追求规模扩张向提高质量转变，由参照普通教育办学模式向企业社会参与、专业特色鲜明的类型教育转变"的整体发展目标。2020年，教育部等九部门联合印发了《职业教育提质培优行动计划（2020—2023年）》，明确提出了涵盖"落实立德树人根本任务、推进职业教育协调发展、完善服务全民终身学习的制度体系、深化职业教育产教融合校企合作、健全职业教育考试招生制度、实施职业教育治理能力提升行动、"三教"改革攻坚行动、信息化2.0建设行动、服务国际产能合作行动、创新发展高地建设行动"等重点行动领域。2021年发布的《关于推动现代职业教育高质量发展的意见》指出要进一步增强职业教育的适应性，加快构建现代职业教育体系，建设技能型社会。通过"1+X制度""双师型教师队伍建设""职业院校教材管理办法""百万扩招""双高计划""现代学徒制""企业新学徒制""教师教学创新团队""专业人才培养方案指导意见"等措施，职业教育全面升级，凸显了现代职业教育学校与企业合作、产业与教育需求整合、教育共性与职业特性并存的特点。① 2022年新修订的《中华人民共和国职业教育法》首次以法律形式提出"建设技能型社会"愿景，充分反映了职业教育特色需要和现实需求，为发展中国特色现代职业教育夯实了法治基础。② 2022年12月，中共中央办公厅、国务院办公厅印发《关于深化现代职业教育体系建设改革的意见》，要求有序有效推进现代职业教育体系建设改革，切实提高职业教育的质量、适应性和吸引力，培养更多高素质技术技能人才、能工巧匠、大国工匠。③ 这些政策、举措都为新时代新征程上继续推动职业教育高质量发展提供了根本遵循和重要保障。

（二）"双师型"教师队伍建设关键要素与措施

教师队伍是职业教育发展的核心资源，是推动新时代国家职业教育改革的关

---

① 朱德全，石献记. 从层次到类型：中国职业教育发展百年[J]. 西南大学学报（社会科学版），2021，47（2）：103-117，228.

② 全国人民代表大会常务委员会. 中华人民共和国职业教育法（2022年修订）[EB/OL].[2024-02-14]. https：//www. gov. cn/xinwen/2022-04/21/content_5686375. htm.

③ 中共中央办公厅、国务院办公厅. 关于深化现代职业教育体系建设改革的意见[EB/OL]. [2024-02-14]. https：//www. gov. cn/gongbao/content/2023/content_5736711. htm.

键力量。建设高素质的"双师型"教师队伍，是加快职业教育现代化进程的基础性任务。随着教育现代化的推进和教育改革的深化，对教师队伍的要求也愈加严格。"双师型"教师不仅需要具备扎实的专业知识和教学技能，还必须拥有丰富的实践经验，以及跨学科、跨领域的能力，能够承担多样化的教育任务，满足不同层次和领域的教育需求。目前，尽管我国已经建立了相对完善的职业教育教师培养和培训体系，但与新时代的要求相比，仍存在不少问题，如教师来源单一、数量不足、专业化水平不高等。尤其是在养老服务领域，专业知识和实践能力兼备的"双师型"教师尤为稀缺，已成为制约养老服务职业教育发展的重要瓶颈。

教育部等四部门在 2019 年印发的《深化新时代职业教育"双师型"教师队伍建设改革实施方案》中明确了"双师型"教师的标准①，提出了建设教师队伍的 12 条建议，主要包括建设分层分类的教师专业标准体系、推进以双师素质为导向的新教师准入制度改革、构建以职业技术师范院校为主体的多元培养培训格局、完善"固定岗+流动岗"的教师资源配置新机制等，旨在通过制度化和规范化的管理，提高教师队伍的整体素质和专业化水平。同年发布的《国家职业教育改革实施方案》，以及 2022 年修订的《中华人民共和国职业教育法》和发布的《关于深化现代职业教育体系建设改革的意见》等政策文件对"双师型"教师的培养提出了具体的要求和指导，为职业教育教师队伍建设提供了坚实的政策保障。经综合分析，"双师型"教师队伍建设的具体措施包括：

1. 优化教师队伍结构

结构优化是"双师型"教师队伍建设的重要前提。② 构建具有包容性的教师队伍，应注重其多元化和专业化发展，打破学科壁垒，促进跨学科交叉融合。同时，加强专、兼职教师的合理配置，充分发挥兼职教师在实践教学中的作用。

---

① 教育部、国家发展改革委、财政部、人力资源和社会保障部. 深化新时代职业教育"双师型"教师队伍建设改革实施方案（教师〔2019〕6 号）〔EB/OL〕.（2019-09-23）〔2024-02-14〕. http：//www. moe. gov. cn/srcsite/A10/s7034/201910/t20191016_403867. html.

② 教育部、财政部. 关于实施职业院校教师素质提高计划（2021—2025 年）的通知（教师函〔2021〕6 号）〔EB/OL〕.（2021-08-24）〔2024-02-14〕. http：//www. moe. gov. cn/srcsite/A10/s7034/202108/t20210817_551814. html.

我国职业教育政策明确支持扩宽教师来源，加强专任教师培养，发展兼职教师队伍。新修订的《中华人民共和国职业教育法》规定，职业院校教职工人员规模中应有一定比例的社会公开招聘的专业技术人员和技能人才担任专职或兼职教师，并鼓励职业学校聘请技能大师、劳动模范、能工巧匠及非物质文化遗产代表性传承人等高技能人才，通过担任专业课教师、设立工作室等方式，参与人才培养、技术开发和技能传承等工作。《职业学校兼职教师管理办法》在兼职教师界定、选聘和分配方式等方面进行了更具开放性的设计①。兼职教师的职责不仅限于特定专业课程和实习实训课的教学，还包括参与技能传承、技术攻关、产品研发，协助培养专任教师的"双师"素质，安排学校教师到企业实践、研修，安排学生实习，并邀请企业人才参与教学科研。这些政策或举措导向鲜明，强调通过多渠道、多层次、多形式的教师队伍建设，确保人才培养紧跟产业发展和市场需求，为职业教育高质量发展提供坚实保障。

2. 建立多层次、多元化的教师培养机制

一是构建教师培养的多种渠道。通过师范类院校培养、校企合作培养和教育实践基地培养等途径，全面提升教师的职业能力和实践水平，特别是在养老服务领域的素养。职业教育作为一种兼具职业性、教育性和学术性的教育类型，对"双师型"教师的要求特别高，需要他们既具备实践操作能力，又拥有扎实的理论教学知识。② 对于养老服务领域的教师而言，实践尤为重要，只有不断增强教师的实践能力，才能有效应对老龄化社会的需求。

二是推动校企合作，打造实践基地。与企业深度合作，特别是与养老服务机构和社区服务机构合作，建立教师实践基地，是提高实际教师操作能力并使他们深入了解行业发展状况的重要途径。根据 2016 年教育部等七部门发布的《职业学校教师企业实践规定》，职业学校专业课教师每 5 年必须累计不少于 6 个月到企

---

① 教育部、财政部、人力资源和社会保障部、国务院国资委. 职业学校兼职教师管理办法（教师〔2023〕9 号）［EB/OL］.（2023-10-11）［2024-02-14］. http：//www. moe. gov. cn/srcsite/A10/s7151/202310/t20231030_1088124. html.

② 辛雨，唐瑗彬，徐冉. 我国职业院校"双师型"教师队伍建设的关键问题、推进困境及解决对策［J］. 高等职业教育探索，2023，22（4）：17-23.

业或生产服务一线进行实践。① 这对于养老服务领域的教师尤为关键，通过在养老机构的实践，教师可以掌握最新的护理技能和养老服务技术。自 2019 年以来，教育部启动实施"职教国培"示范项目，与工信部、国资委等部门合作，分两批次设立了 202 家大型企业作为全国职业教育教师企业实践基地，旨在通过技能培训、岗位实践、科研攻关项目等，让教师深入了解企业的组织方式、工艺流程、产业发展趋势，熟悉企业岗位职责以及生产操作规范、技能要求。2023 年教育部发布《全国职业教育教师企业实践基地管理办法（试行）》，正式确立了职业学校教师定期到企业实践的制度，实现了教师企业实践的规范化、常态化、长效化。② 同时发布的《国家级职业教育教师和校长培训基地管理办法（试行）》③遴选了 170 家国家级职业教育"双师型"教师培训基地，承担国家级培训任务，为打造职业教育"良匠之师"提供有力支持。通过定期实践，教师能够保持与行业同步发展，不断提升自身的专业素质和教学能力。

三是建设教师发展中心。政府加大了对养老服务职业教育教师培训和发展的投入，鼓励各级学校建立教师发展中心，通过师资培训、教师进修和学术交流等方式，提高教师的专业素养和教学水平。针对高职院校的教师发展中心建设，文爱民等人的调研显示，截至 2023 年 8 月，197 所入选"双高计划"的高职院校中④，只有 32% 的院校设立了教师发展中心。未来，需要根据高职教育的属性和特点，制定分层、分类的教师培训计划，完善机构配置、确保经费保障、做好顶

---

① 教育部、国务院国有资产监督管理委员会、国家发展和改革委员会、工业和信息化部、财政部、人力资源和社会保障部、国家税务总局．职业学校教师企业实践规定（教师〔2016〕3 号）〔EB/OL〕．（2016-05-13）〔2024-02-14〕．http：//www.moe.gov.cn/srcsite/A10/s7011/201605/t20160530_246885.html.

② 教育部办公厅．全国职业教育教师企业实践基地管理办法（试行）（教师厅〔2023〕4号）〔EB/OL〕．（2023-12-20）〔2024-02-14〕．http：//www.moe.gov.cn/srcsite/A10/s7034/202312/t20231229_1096641.html.

③ 教育部办公厅．国家级职业教育教师和校长培训基地管理办法（试行）（教师厅〔2023〕5号）〔EB/OL〕．（2023-12-20）〔2024-02-14〕．http：//www.moe.gov.cn/srcsite/A10/s7034/202312/t20231229_1096642.html.

④ 中国特色高水平高职学校和专业建设计划（简称"双高计划"）是指党中央和国务院为建设一批引领改革、支撑发展、中国特色、世界水平的高等职业学校和骨干专业（群）的重大决策建设工程，亦是推进中国教育现代化的重要决策，被称为"高职双一流"。

层设计、明确建设目标。① 教育部发布了多项政策鼓励职业院校与养老服务机构、社区服务机构等实施校企合作，通过提供实践机会和实践基地，让教师能够深入实际工作环境，提高实践教学技能，从而拓宽教师成长通道，为教师提供广阔的发展空间和多样化的职业发展路径，并建立从新入职教师到高级教师的分级培养机制，针对不同阶段的教师提供相应的培训机会和发展渠道。

四是建立教师资源共享平台。整合优质教育资源，为教师提供广泛的学习和交流空间，促进职业技能与教学能力的提升。2015 年，老年服务与管理专业国家级教学资源库建设得到了教育部的支持②，该资源库涵盖了各类教学资源、实践案例和培训课程，全面开放，支持教师在专业知识和实践技能上的持续进修。2019 年，"养老·家政专业领域协作共同体"建设得到了教育部的支持，包含 10 所全国首批教学创新团队建设单位，推动院校与企业形成命运共同体，共建高水平教师发展中心或实习实训基地，在人员互聘、教师培训、技术创新、资源开发等方面开展全面深度合作、促进"双元"育人，切实提高复合型技术技能人才培养质量。通过共享平台，教师可以及时获取行业最新动态和技术，也可以互相学习、交流经验、共同提升，从而为职业教育培养更多高素质的技术技能人才。

3. 建立科学、客观的教师评价体系

合理的教师评价体系不仅能激励教师不断自我提升，还能促进教师队伍的整体发展。为此，各学校应成立由领导班子成员组成的教师发展领导小组，统筹规划教师队伍建设的各项工作，确保各项措施落到实处。加强教师队伍建设的组织领导，建立科学、高效的管理机制，是促进教师队伍稳定和可持续发展的关键。

评价体系应注重教师的综合素质和能力的多样化评价，特别是对教学水平和科研能力的考核。2022 年 10 月，教育部办公厅发布的《关于做好职业教育"双师

---

① 文爱民，郭兆松，朱素阳. 产教融合视域下高职院校"1+N"教师发展中心模式的创新研究［J］. 滁州职业技术学院学报，2023，22（4）：1-6.

② 北京社会管理职业学院、北京劳动保障职业学院、中国成人教育协会老年教育与服务专业委员会联合主持，42 所院校、54 家行业企业、3 个出版社共同建设而成老年服务与管理专业教学资源库（2015—2018）. https：//zyk.icve.com.cn/portalproject/themes/default/sz-bah6llkhbygie7u79ja/sta_page/index.html？projectId＝sz-bah6llkhbygie7u79ja.

型"教师认定工作的通知》①将"双师型"教师认定分为初、中、高三个级别，系统阐述了中高职教师的认定层级标准与量化指标。这一举措解决了"双师型"教师认定方式单一、缺乏对职校教师专业发展内生动力激发手段的问题，促进了职业教育教师队伍的专业化发展。

此外，《职业学校兼职教师管理办法》规定，学校应建立健全兼职教师的管理制度，明确其职责和权利，合理安排教学任务，并通过绩效评估和反馈机制，确保兼职教师的教学质量。通过这些措施，可以有效提升教师队伍的整体素质，推动职业教育的发展。

4. 建立多元化、差异化的教师激励机制

一是建立合理的绩效工资制度，包括薪酬激励、职称评聘和荣誉奖励等，旨在激发教师的工作积极性和创造性。薪酬激励包括基础工资、绩效工资和特殊津贴等多种形式。基础工资保障教师的基本生活需求，而绩效工资根据教师的工作表现、教学成果和学生反馈进行分配，确保教师的努力能够得到公平的回报。特殊津贴则针对在竞赛指导、教学科研成果、教材编写等方面有突出表现的教师予以奖励，进一步激发其创造性和工作热情。通过合理的薪酬激励，能确保养老服务教师的工作积极性和职业稳定性。

二是职称评聘。这是教师职业发展的重要路径。应打破传统职称评审中单一的学术评价标准，增加实践能力和教学效果评估的权重。对于"双师型"教师，特别是那些在企业有丰富实践经验的教师，应给予更多的职称晋升机会，鼓励他们在教学中传授实战经验，提高学生的实际操作能力。这对于养老服务领域的教师尤为重要，通过科学合理的职称评聘，才能激励教师不断提升自身的专业水平和实践能力。

三是荣誉奖励。设立各类荣誉称号，如各级别"优秀教师""模范教师""教学能手""科研先锋"等，表彰在养老护理、服务创新和实践教学方面表现突出的教

① 教育部办公厅. 关于做好职业教育"双师型"教师认定工作的通知（教师厅〔2022〕2号）〔EB/OL〕.（2022-10-25）〔2024-02-14〕. http：//www.moe.gov.cn/srcsite/A10/s7034/202210/t20221027_672715.html.

师。通过荣誉奖励，不仅可以提高教师的职业荣誉感和成就感，还能在教师群体中形成良好的竞争氛围，促进整体教学水平的提升。

四是以赛促教。新修订的《中华人民共和国职业教育法》明确提出："国家通过组织开展职业技能竞赛等活动，为技术技能人才提供展示技能、切磋技艺的平台，持续培养更多高素质技术技能人才、能工巧匠和大国工匠"。截至 2022 年，国家已经成功举办十多届全国职业院校技能大赛，吸引了各地院校的教师带领学生通过校赛—市赛—省赛—国赛—世赛的层层选拔和比拼，形成师生大练兵的火热态势，在持续推动职业教育彰显类型定位、引领职业教育教学改革和促进高素质技术技能人才培养中发挥着越来越重要的作用。赛项专业化水平稳步提升，通过大赛推动规程、赛题和资源包等赛项资源有效转化为职业教育教学资源，并检验新技术和新技能在养老服务一线中的实际应用效能，利用比赛解决实际问题，推动产教融合和校企合作落地落实，提升养老服务教育的质量和水平。① 同时，国家先后举办全国职业院校教师信息化教学设计大赛、教学基本功大赛、教学能力比赛等，充分发挥"以赛促教、以赛促学、以赛促改、以赛促研"的引领作用。2023 年的全国职业院校技能大赛的比赛方案鼓励参赛教师选择更多样化的教学场景和课程类型，展示各具特色的教学风采。教学能力大赛在促进"三全育人"体系建设，探索"岗课赛证"综合育人效能，深化教师、教材、教法改革以及推动教育数字化转型发展和团队建设方面，充分发挥了示范作用。这样不仅提升了"双师型"教师的教学能力和专业水平，还能通过优秀作品的分享和推广，增强教师的荣誉感和成就感，提升养老服务职业教育的美誉度。②

5. 推动教育数字化转型

随着科技的进步和社会的发展，智慧健康养老技术的应用和教育数字化转型已经成为不可逆转的趋势，不仅改变了老年人的生活方式和养老服务的形式，也对教师的知识结构和教学方法提出了新的要求。教师需要适应智慧健康养老技术

---

① 曾天山，房风文，陈宏辉，等．以高水平赛事推动职业教育高质量发展——基于2022 年全国职业院校技能大赛的分析[J]．中国职业技术教育，2024(8)：18-28.

② 姜丽萍，贾清水．持续提升教师教学能力——2023 年全国职业院校教学能力比赛方案分析及参赛建议[J]．中国职业技术教育，2023(35)：14-22.

的实际应用需求，更新自己的知识结构和教学理念，切实通过数字化手段提升教学效果和学习体验。

2022年3月，教育部开通了国家智慧教育平台，实现课程全面育人、精品资源集成共建，以高水平的教育信息化引领教育现代化。① 同时，鼓励各地各校使用在线教育平台、充分利用在线资源，加强针对教师的数字化教学工具和方法的培训，提高教师的数字素养和教学能力。2022年12月，教育部发布《教师数字素养》教育行业标准，制定了教师数字素养框架，用于对教师数字素养的培训与评价，具体内容包括：掌握在教育教学中选择数字化设备、软件、平台的原则与方法；能够运用数字评价工具对学生的学习情况进行分析，如应用智能阅卷系统、题库系统、测评系统对学生知识准备、学习能力、学习风格进行分析；能够利用数字技术资源发现学生学习差异，开展针对性指导等。② 面对教育高质量发展的迫切需求和以人工智能为代表的新一代信息技术变革的挑战，各地各校应把数字素养作为教师的必备素养，着力提升教师的数字化教学能力，助推教学质量的提升。

通过这些政策和措施，以及系统化的理论培训与多样化的实践活动，职业教育不断完善高素质、专业化的"双师型"教师队伍，推动养老服务职业教育质量的持续提升，为积极应对人口老龄化提供了有力支撑。

（三）职业教育应对老龄化挑战的战略作用

前文已述，我国目前拥有世界上最大规模的老年人口，养老服务需求迅猛增长，但服务供给和人才培养方面仍然存在显著短板。养老服务职业教育作为我国国民教育体系和人力资源开发的重要组成部分，承担着构建多层次、多样化的人才培养体系，满足不同层次、不同类型养老服务需求的重任。这不仅是对人口老龄化挑战的直接回应，也是国家战略需要和社会责任的体现。现阶段，职业教育

---

① 国家智慧教育平台网址：https：//www. smartedu. cn/.
② 教育部. 教师数字素养(教科信函[2022]58号)[EB/OL]. (2022-12-02)[2024-02-14]. http：//www. moe. gov. cn/srcsite/A16/s3342/202302/t20230214_1044634. html.

与中国式现代化共生发展，在支撑中国式现代化向纵深推进过程中发挥着重要作用。①

从理论上看，职业教育在应对老龄化挑战中具有独特的优势和重要的战略意义。首先，职业教育强调实践与理论相结合，能够培养出具备实际操作能力和专业技能的高素质人才。这对于养老服务行业来说尤其重要，因为这一行业需要大量具备专业护理技能和丰富实践经验的从业人员。职业教育不仅是年轻人初次就业的关键途径，也是终身教育体系中的重要组成部分。根据终身教育理论，个体在其一生中都需要不断学习和更新知识技能，以适应快速变化的社会和经济环境。职业教育通过提供多种形式的学习机会，使个体能够在不同人生阶段获取所需的知识和技能，保持其在劳动市场中的竞争力。对于老年劳动者来说，他们可以通过职业教育更新技能，延长职业生涯，提高老龄化社会的生产力水平。

此外，职业教育能够弘扬"劳动光荣、技能宝贵"的社会价值观，促进社会的和谐发展。在老龄化社会中，职业教育不仅是培养技术技能的重要途径，更是塑造劳动者职业精神、工匠精神和社会责任感的重要手段。通过职业教育，年轻人可以树立正确的职业观和价值观，增强对职业的认同感和自豪感，进而提升整个社会对劳动的尊重和认可。

从实践上看，职业教育通过多种方式为养老服务行业培养高素质人才，并为社会的可持续发展提供有力支持。首先，职业教育通过开设养老服务相关专业和课程，系统培养具备专业知识和技能的养老服务专业人才。例如，智慧健康养老服务与管理、老年保健与管理、智慧社区管理、医养照护与管理、健康管理、护理学、康复治疗技术、老年心理咨询等专业，都是为养老服务行业量身定做的。通过这些对专业知识的学习，学生能够掌握专业的护理技能和服务技巧。同时，职业教育强调理论与实践并重，一方面通过校企合作为学生提供丰富的实践机会，使他们在实际工作中积累经验，提高职业技能；另一方面与养老服务行业企业深度融合，开展现代学徒制试点、企业订单培养、入学即入职等人才培养模式改革，推动产教结合，培养更多具备创新精神和实践能力的高素质人才。屠其雷

① 宋亚峰，闫广芬，孙善学.中国式现代化与职业教育、高等教育、继续教育协同创新[J].中国职业技术教育，2023(22)：32-37.

等人的研究显示，自 2004 年教育部发布高职高专专业目录以来，高职院校养老服务与管理专业不断壮大①，尤其是 2017 年后增长迅速；2019 年，全国高职院校养老服务与管理相关专业数量达到 293 个，招生数为 1 万余人，在校生规模 2 万余人。② 2019 年以来通过实施"双高计划"和国家级教学创新团队建设等重大项目，高职院校在提高技术技能人才培养质量方面取得了显著成效，培养的专业人才在老龄化社会中发挥了重要作用。此外，中职教育也在养老服务人才培养方面持续发力。2019 年，全国中职学校开设的养老服务与管理相关专业数量达到 198 个，在校生数接近 3 万人。③ 本科教育方面，2020 年以来，天津理工大学、湖南女子学院和山东女子学院及上海工程技术大学、中华女子学院等院校分别开设了老年福祉与管理、老年学和养老服务管理本科专业，填补了本科层次养老服务教育的空白。

其次，职业教育为社会上大量在职人员和失业人员提供了继续教育和职业培训机会。随着技术进步和产业升级，许多劳动者需要通过职业教育来更新技能，保持其在劳动市场中的竞争力。职业院校和相关教育培训机构及时响应市场需求，开设短期培训课程和技能提升班，为社会各类人员提供灵活多样的学习机会，帮助他们在新的岗位上重新就业或提升职业水平。这种灵活的培训体系有助于提高社会劳动者的整体素质，增强国家的经济竞争力。

再次，在老龄化社会中，充分利用老年人力资源是一个重要的课题。职业教育正着力构建老有所学的终身学习体系。例如，教育部 2024 年 1 月的数据显示，全国老年教育公共服务平台围绕"德学康乐为"五个类别上线课程 43.6 万门，线上注册用户 234.1 万人，服务 5640 万人次的学习需求。现阶段，各地正积极发展职业培训机构和项目，帮助老年人掌握新的知识和技能，使他们能够继续在劳动市场中发挥作用。截至目前，中国有将近 3 亿 60 岁及以上的老人。这些老年人通过职业教育培训，可以从事力所能及的养老护理、社区服务等工作，不仅为

---

① 杨根来. 职业院校：为老服务人才培养的主力军[J]. 社会福利，2017(10)：26-28.

② 屠其雷，李晶，赵红岗. 养老服务与管理行业人才需求与职业院校专业设置匹配分析研究[J]. 中国职业技术教育，2022(19)：46-54.

③ 屠其雷，李晶，赵红岗. 养老服务与管理行业人才需求与职业院校专业设置匹配分析研究[J]. 中国职业技术教育，2022(19)：46-54.

社会提供了宝贵的人力资源支持，也提升了老年人的生活质量和社会参与感，既可以为缓解养老服务劳动力短缺问题，又实现了老年人力资源的再利用，为社会的和谐发展作出了贡献。

未来，职业教育一方面需要进一步深化改革，不断创新教学模式和方法，适应不同年龄段学习者的特点和需求，提供更好的学习体验和成长平台；另一方面，应适应现代社会的发展需求，推动数字化转型和智能化升级，提高老年服务科技化、信息化水平，从而有效提升教育效能。同时，社会各界需要继续加大对职业教育的支持力度，完善相关政策措施，为职业教育的发展注入新的动能。

综上所述，新时代背景下的养老服务需求日趋多样化，相关专业发展面临诸多挑战。通过对政策的深度分析，我们看到国家对养老服务人才培养和职业教育教师发展的高度重视，通过实施一系列政策支持、专业培训和技术应用，着力提升"双师型"教师队伍的能力，优化人才培养模式，创新教学方法，逐步解决养老服务人才短缺和专业化水平不高的问题。同时适应新时代的发展需求，为养老服务行业提供坚实的人才支撑，推动养老服务行业的专业化、规范化和可持续发展，确保老年人能够享受到高质量的养老服务。这不仅是应对人口老龄化的需要，也是建设健康中国、实现中华民族伟大复兴的重要举措。

养老服务职业教育教师发展状况研究

随着我国人口老龄化程度的不断加深，养老服务需求急剧上升。职业院校承担着培养养老服务技术技能人才的重要任务。教师队伍建设是推进职业教育质量提升的基础。我国已经建立了较为完善的职业教育教师培养和培训体系，但与新时代的需求相比，仍存在诸多不足，如教师数量不足、专业化水平不高等。尤其是在养老服务专业领域，具备对接新职业、新技术、新标准的专业教师和具备实践能力的双师型教师尤为短缺，这成为制约养老服务相关职业教育发展的重要瓶颈。

为此，我们于 2020 年 11 月—2021 年 6 月，对全国开设养老服务相关专业的职业院校的教师发展现状开展了调查研究。针对养老服务领域职业教师发展的重点问题，我们调查了教师实践教学经历与能力，具体包括职业教育理念、教学方法、教学内容、实践技能、X 证书、教学信息化技术 6 个方面。通过线上发放问卷，并结合选取部分院校和教师开展质性访谈的方式收集数据，再对数据进行统计分析，研究现阶段养老服务领域职业教师的发展状况、影响因素，深入了解教师的需求、挑战和学习机会，为促进养老服务职业教育的系统性发展和"双师型"教师的多渠道培养提供实证基础。

一、调研设计与分析方法

(一)问卷来源与变量设置

为了解养老服务职业院校教师发展现状，本研究自行编制了《养老服务职业院校教师发展状况调查》问卷(见附录一)，以开设老年服务与管理、老年保健与管理、护理专业的职业院校的相关教师为对象，开展线上问卷调研。

本研究采用了非随机、目的性抽样方法，调查了来自不同地区和发展水平的 50 所职业院校（包括 10 所养老服务共同体内院校①）教师。样本院校包括东部沿海发达地区、中部发展中地区以及西部欠发达地区的院校，涵盖了高、中、低三个不同的发展水平，确保研究样本能够充分反映我国养老服务职业教育的地域多样性和发展多样性。142 名教师参与了调查，在剔除相关失效样本后，最终纳入研究分析的为 133 个样本。

本研究旨在了解养老领域中教师对教学能力的认识及其培训需求，并进一步分析其影响因素。因变量主要有 4 个，包括教学能力重要性认识总分、教学能力自评总分、教学能力培训需求总分、教学能力培训参与意愿总分。

教学能力重要性认识总分是一个连续型变量，主要用于考查受访教师对教学能力重要性的总体认识。根据问卷第 27 题"您觉得相对目前的培养目标而言，各项教学能力的重要性如何"，将量表中"职业教育理念""教学方法""教学内容""实践技能""X 证书""教学信息化技术"六项条目得分（取值 1~10 分）进行加总，生成因变量教学能力重要性认识总分，取值为 6~60 分，得分越高则表示其认为总体教学能力越重要。

教学能力自评总分是一个连续型变量，主要用于分析受访教师对其自身教学能力的满意度评价。根据问卷第 28 题"您觉得相对目前的培养目标而言，您的教学能力怎么样"，同样对该量表中的六项条目得分（取值 1~10 分）进行加总，生成因变量，取值范围 6~60 分，得分越高意味着总体自评状况越好。

教学能力培训需求总分是一个连续型变量，主要用于考查受访教师对教学能力培训的需求状况。根据问卷第 29 题"您近期是否有某方面的教学能力培训需求"，同样对量表中的六项条目得分（取值 1~10 分）进行加总，生成教学能力培

---

① 根据教育部《全国职业院校教师教学创新团队建设方案》，2020 年，由长沙民政职业学院牵头成立了"养老·家政专业领域协作共同体"，包括入选为首批养老服务和家政服务专业领域的国家级职业教育教学创新团队所在的 10 所院校：长沙民政职业技术学院、北京劳动保障职业学院、北京社会管理职业学院、滨州职业学院、天津医学高等专科学校、聊城职业技术学院、长春医学高等专科学校、苏州卫生职业技术学院、乐山职业技术学院、岳阳职业技术学院。

训需求总分，取值为 6~60 分，得分越高表示培训需求越强烈。

教学能力培训参与意愿总分是一个连续型变量，主要用于探讨受访教师对教学能力培训项目的参与意愿。根据问卷第 30 题"如果近期有机会参加教学能力培训，您是否愿意参加"，同样对量表中的六项条目得分加总，生成教学能力培训参与意愿总分，取值 6~60 分，得分越高，说明受访者越愿意参加培训。

表 1 汇报了用于分析的各项变量的具体操作化方式。

表 1　　　　　　　　　　**变量的类型与操作化 ($N=133$)**

变量	类型	操作化方式
人口学特征变量		
年龄	连续变量	——
性别	虚拟变量	男性赋值为"1"；女性赋值为"0"
第一学历	分类变量	中等师范学校/中等专科学校赋值为"0"，专科赋值为"1"，"本科"赋值为"2"
最高学历	分类变量	专科赋值为"0"，本科赋值为"1"，硕士研究生赋值为"2"，博士研究生赋值为"3"
职业特征/经历变量		
工龄	连续变量	2020 年减去参加工作的年份
校龄	连续变量	2020 年减去当前学校工作的年份
工作院校	虚拟变量	长沙民政职业技术学院等 10 个院校归为"共同体院校"，赋值为"1"，其他院校赋值为"0"
院校所在地	分类变量	根据第一财经·新一线城市研究所发布的《2020 城市商业魅力排行榜》，将"五线""四线""三线""二线""新一线""一线"城市依次赋值为 0~5
职称	分类变量	初级赋值为"0"，中级赋值为"1"，副高级赋值为"2"，高级赋值为"3"，其他赋值为"4"
专业与课程匹配度	分类变量	所学专业与教授课程匹配赋值为"2"，相近赋值为"1"，完全不匹配赋值为"0"
教授服务类课程	虚拟变量	根据讲授课程的模块，凡涉及生活护理、健康护理、康复护理、心理护理、社会工作、养生保健中任意一项即为教授服务类课程，赋值为"1"；否则赋值为"0"

变量	类型	操作化方式
"双师"资格	虚拟变量	取得教师资格证的前提下，同时有过问卷18题或20~26题任一经历者，均认为具有"双师"资格，赋值为"1"；否则为赋值"0"
相关企业工作经历	虚拟变量	有过6个月及以上经历归为"是"，赋值为"1"；否则为"否"，赋值为"0"
"双师"资格培训	虚拟变量	——
考评员资格	虚拟变量	——
参加技能大赛	虚拟变量	——
指导学生参赛	虚拟变量	——
深度合作企业	分类变量	0~2家归为一类，赋值为"0"，3~10家归为一类，赋值为"1"，10家以上赋值为"3"
校方合作企业工作	连续变量	将每月做培训师、指导学生、进行实践操作、进行技能指导、共同研发这五项的频次加总，得到总频次（0~55分）

（二）分析工具与方法

根据数据结构和具体的研究问题，本研究将采用描述性分析、方差分析和多元回归分析等统计方法进行分析。使用STATA14.0软件对调查数据进行处理。

二、样本基本情况与信效度分析

（一）样本基本情况

表2呈现了纳入分析的受访者的基本情况特征。在133个分析样本中，男性占比19.55%、女性占比80.45%。第一学历是本科的比例最高，为82.71%，专科的比例9.77%，中等师范/专科学校的比例7.52%；而在最高学历中，硕士的比例最高，为51.13%，本科的比例为42.86%，博士的比例为6.02%。来自共同

体院校的受访者比例为 36.09%，来自其他院校的比例为 63.91%。在职称方面，初级职称占比 25.56%，中级职称占比 36.09%，副高级占比 24.81%，正高级占比 9.77%，其他占比 3.76%。另外，本次调查受访者的平均年龄为 38.78 岁，最大 58 岁，最小 23 岁；平均工龄 14.84 年，最长 39 年；在当前院校的平均校龄 9.74 年，最长 35 年。

表2　　　　　　　　　　受访者的基本情况特征 ($N=133$)

变量	类别	频次	百分比（%）
性别	男	26	19.55
	女	107	80.45
第一学历	中等师范/专科学校	10	7.52
	专科	13	9.77
	本科	110	82.71
最高学历	本科	57	42.86
	硕士	68	51.13
	博士	8	6.02
工作院校	共同体院校	48	36.09
	其他院校	85	63.91
职称	初级	34	25.56
	中级	48	36.09
	副高级	33	24.81
	正高级	13	9.77
	其他	5	3.76
合　计		133	100

变量	指标	值	最小值	最大值
年龄	均值（标准差）	38.78(8.62)	23	58
工龄	均值（标准差）	14.84(9.94)	0	39
校龄	均值（标准差）	9.74(8.08)	0	35

（二）信效度检验

信度反映了测量结果的一致性、稳定性和可靠性，信度系数越高，意味着调查结果的内在一致性越强，结果越稳定和可靠。由表 3 可知，教学能力重要性认识、教学能力自评状况、教学能力培训需求以及培训参与意愿四个量表的克朗巴哈系数(Cronbach's α)均大于 0.8，表明调查具有较好的信度。

表3　　　　　　　　　　　　　信度检验结果

名称	样本量	题项个数	Cronbach's α
教学能力重要性认识	133	6	0.837
教学能力自评状况	133	6	0.829
教学能力培训需求	133	6	0.924
教学能力培训参与意愿	133	6	0.948

接下来，进一步采用因子分析法来考察问卷调查的结构效度，主要以 Kaiser-Meyer-Olkin 度量(简称 KMO 值)和 Bartlett 球形值来进行检验。由表 4 可知，KMO 值为 0.858，Bartlett 的球形度检验 sig 值(即 P 值)小于 0.05，意味着问卷具有较好的结构效度，可进行后续分析。

表4　　　　　　　　**KMO 值和 Bartlett 的球形值检验**

KMO 值		0.858
Bartlett 的球形度检验	近似卡方	16030.065
	Df	351
	Sig.	0.000

三、教师发展现状分析

（一）教学能力的重要性认识

对于不同的教学能力的重要程度，受访教师的认知情况如何呢？图 1 展示了各项能力的重要性得分均值。由结果可知，"实践技能"的得分均值最高，为9.32分，其次是"职业教育理念"9.31分，"教学方法"9.25分，而"X证书"的得分均值最低，为7.98分。

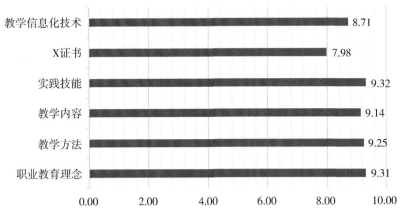

图1 受访者对各项教学能力重要性的打分均值(*N*=133)

图2是因变量教学能力重要性认知总分的数据分布图，其均值为53.70分，标准差为6.93，得分整体处于较高水平。

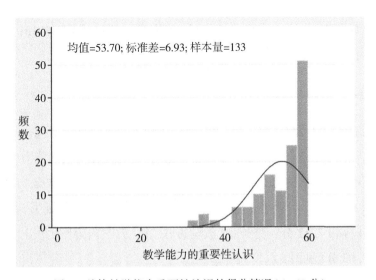

图2 总体教学能力重要性认识的得分情况(6~60分)

(二)教学能力的自评状况

针对六项教学能力,受访教师自评得分最高的是"职业教育理念",均值为8.53分,最低的为"X证书",均值为7.06分。另外,"教学内容"自评得分均值为8.41分,"教学方法""实践技能"和"教学信息化技术"的自评得分均值分别为8.18分、8.16分和7.80分(见图3)。

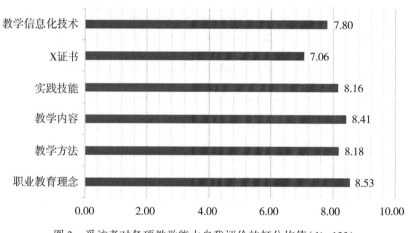

图3　受访者对各项教学能力自我评价的打分均值($N=133$)

图4反映了教学能力自评总分的分布状况,其均值为48.15,标准差为6.93,总体自评状况较好。

(三)教学能力培训需求

上述内容考查了教师对教学能力的重要性认识和自我评价状况,而对各项教学能力的培训需求也是本研究关注的重点问题。首先在各项教学能力中,培训需求最为迫切的是"教学信息化技术",得分均值为8.46分;其次是"实践技能",得分均值为8.41分;培训需求较低的是"职业教育理念"和"X证书",得分均值分别为7.74分和7.82分;另外,"教学方法"和"教学内容"的得分均值分别为8.25分和8.03分(见图5)。

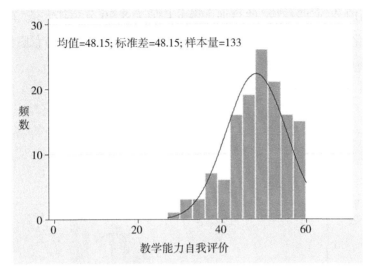

图 4　教学能力自我评价的得分情况(6~60 分)

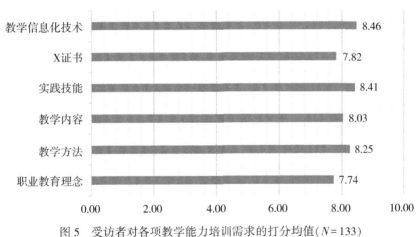

图 5　受访者对各项教学能力培训需求的打分均值($N=133$)

图 6 是教学能力培训需求总分的具体数据分布图。其均值为 48.71，标准差为 11.27，需求度相对较高。

(四)教学能力培训参与意愿

那么，对于不同的教学能力培训，受访教师的参与意愿怎么样呢？总的来说，对于各项教学能力培训的参与意愿都较高，均值在 8 分以上。其中，教师参与意愿最高的是"实践技能"的培训，得分均值为8.70分；其次是"教学方法"、"教学信息化技术"，得分均值分别为8.63分和8.56分；而参与意愿相对较低的是"教学内容""职业教育理念"以及"X证书"(见图7)。

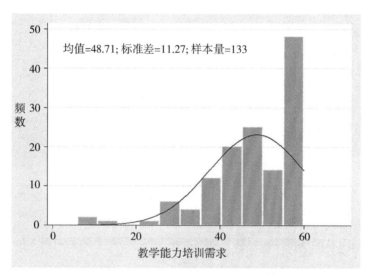

图6　教学能力培训需求的得分情况(6~60分)

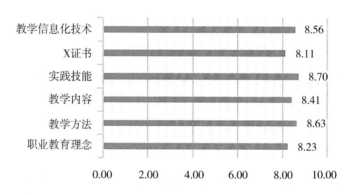

图7　受访者对教学能力培训参与意愿的打分均值(N=133)

图8呈现了教学能力培训参与意愿总分的数据情况，其均值为50.64，标准差为12.36。

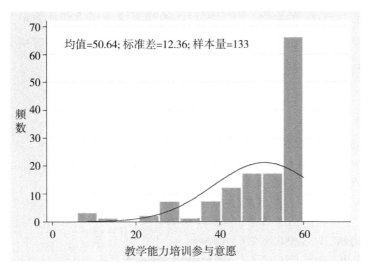

图8　教学能力培训参与意愿的得分情况(6~60分)

(五)对教学能力培训方式的偏好

根据问卷第31题,可以得到受访者对六项教学能力培训方式的偏好结果。针对"职业教育理念",受访者选择最多的方式是专家学者开展专题报告,其次分别是自主读书学习、远程线上学习、外出考察学习与座谈研讨(见图9)。

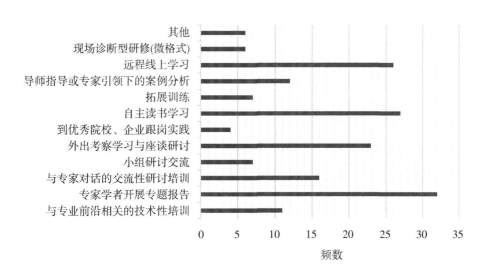

图9　对"职业教育理念"培训方式的选择情况

对于"教学方法"的培训，与专家对话的交流性研讨培训成为最受欢迎的培训方式；现场诊断型研修(微格式)、导师指导或专家引领下的案例分析或者其他方式，也比较受欢迎(见图10)。

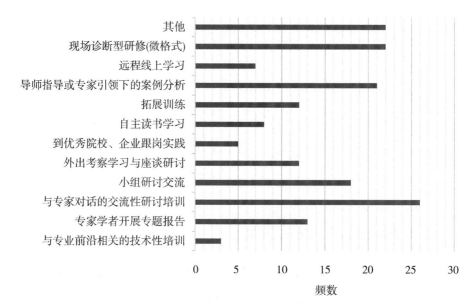

图 10　对"教学方法"培训方式的选择情况

在"教学内容"方面，自主读书学习是被选择最多的培训方式，导师指导或专家引领下的案例分析和远程线上学习也被成为较多人认可，还有部分受访者选择外出考察学习与座谈研讨、小组研讨交流，以及与专家对话的交流性研讨培训(见图11)。

接着，针对"实践技能"，到优秀院校、企业跟岗实践无疑成为最受支持的培训方式，其次与专业前沿相关的技术性培训也受到不少人欢迎。相对而言，选择远程线上学习、自主读书学习、专家学者开展专题报告等方式的人不多(见图12)。

对于"X证书"这项教学能力，拓展训练被认为是最佳的方式，其次是与专业前沿相关的技术性培训(见图13)。

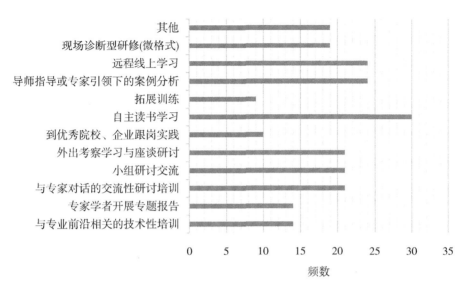

图 11 对"教学内容"培训方式的选择情况

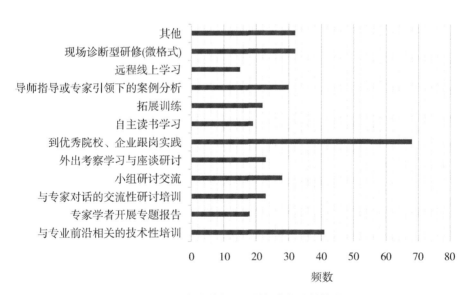

图 12 对"实践技能"培训方式的选择情况

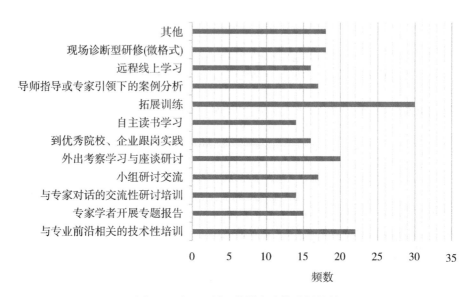

图 13　对"X 证书"培训方式的选择情况

最后，针对"教学信息化技术"教学能力，拓展训练是最为受访教师认可的培训方式，其次是与专业前沿相关的技术性培训、远程线上学习等方式（见图14）。

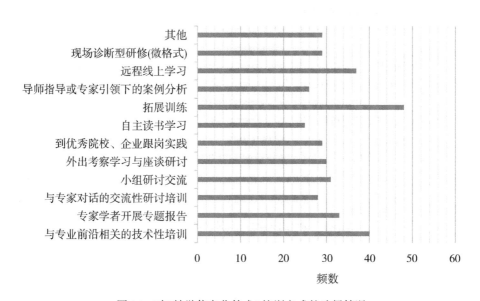

图 14　对"教学信息化技术"培训方式的选择情况

综合上述内容，在"职业教育理念"方面，最受欢迎的培训方式是专家学者开展专题报告；在"教学方法"方面，与专家对话的交流性研讨培训被认为是最佳的培训方式；在"教学内容"方面，自主读书学习是被选择最多的培训方式；在"实践技能"方面，到优秀院校、企业跟岗实践成为最受支持的培训方式；在"X证书"和"教学信息化技术"方面，受访教师认为最佳的方式均是拓展训练。

四、教师发展的影响因素分析

（一）教学能力重要性认识的影响因素分析

本书通过方差分析探讨了不同教师在教学能力重要性认知总分上的差异，结果见表5。由此可以得出，性别、最高学历、工作院校、院校所在地、职称、专业与课程匹配度、是否教授服务类课程、是否具有"双师"资格、是否有相关企业工作经历、是否参加过"双师"资格培训、是否取得考评员资格、是否参加过技能大赛、是否指导过学生参赛，以及个人深度合作企业数量等变量在统计上均不显著（$P>0.05$），即不同教师对教学能力重要性的总体认识无明显差异。

表5　　　　　　　　不同教师对教学能力重要性认识的差异（$N=133$）

变量	类别	均值（标准差）	F 值	P 值
性别	男	53.231（6.581）	0.150	0.698
	女	53.822（7.040）		
最高学历	本科	54.333（6.996）	0.410	0.665
	硕士	53.265（7.158）		
	博士	53.000（4.309）		
工作院校	共同体院校	53.479（6.885）	0.080	0.777
	其他院校	53.835（6.996）		

续表

变量	类别	均值（标准差）	F 值	P 值
院校所在地	五线	51.826(8.912)	1.380	0.236
	四线	54.960(6.503)		
	三线	55.632(4.946)		
	二线	54.632(4.323)		
	新一线	50.786(9.423)		
	一线	53.667(6.430)		
职称	初级	53.118(8.014)	0.850	0.498
	中级	54.479(6.270)		
	副高级	52.515(6.783)		
	正高级	53.923(7.621)		
	其他	57.600(3.286)		
专业与课程匹配度	不匹配	53.777(4.919)	1.570	0.212
	相近	51.458(7.138)		
	匹配	54.240(6.984)		
教授护理服务类课程	是	53.897(7.160)	0.270	0.606
	否	53.194(6.346)		
"双师"资格	是	53.387(7.130)	2.440	0.121
	否	56.429(4.201)		
相关行业企业经历	是	53.632(7.008)	0.040	0.844
	否	53.895(6.829)		
"双师"资格培训	是	53.735(6.595)	0.000	0.972
	否	53.690(7.161)		
考评员资格	是	53.898(6.440)	0.000	0.953
	否	53.554(7.341)		
参加技能大赛	是	53.742(6.884)	0.080	0.777
	否	53.672(7.031)		

续表

变量	类别	均值(标准差)	F 值	P 值
指导学生参赛	是	54.286(6.474)	0.540	0.464
	否	53.369(7.202)		
个人深度合作企业	0~2 家	54.042(7.212)	0.550	0.580
	3~10 家	52.894(7.112)		
	10 家以上	54.667(4.806)		

(二)教学能力自评状况的影响因素分析

表 6 进一步采用方差分析来考察不同教师对教学能力的总体自我评价是否存在不同。结果显示,未控制其他变量的情况下,不同职称、是否有相关行业企业经历、是否指导过学生参赛、个人深度合作企业数量等方面在统计学意义上具有显著差异($P<0.05$)。在职称方面,正高级教师的自评得分要高于其他职级教师;相较没有相关行业企业经历的教师,有相关经历教师的自评得分相对较高;指导过学生参赛且获奖的教师的自评得分高于未指导者;个人深度合作企业数量越多,其自评得分均值相对越高。

另外,不同性别、最高学历、工作院校、院校所在地、专业与课程匹配度、是否教授服务类课程、是否具有"双师"资格、是否参加过"双师"资格培训、是否取得考评员资格、是否参加过技能大赛等方面在统计上均不显著。

表 6　　　　　　**不同教师对教学能力自我评价的差异($N=133$)**

变量	类别	均值(标准差)	F 值	P 值
性别	男	48.731(6.428)	0.210	0.645
	女	48.009(7.304)		
最高学历	本科	47.807(7.626)	0.650	0.525
	硕士	48.118(6.983)		
	博士	50.875(3.944)		

续表

变量	类别	均值（标准差）	F 值	P 值
工作院校	共同体院校	48.333(6.114)	0.050	0.825
	其他院校	48.047(7.669)		
院校所在地	五线	44.783(8.415)	1.500	0.194
	四线	48.880(8.131)		
	三线	49.316(5.879)		
	二线	50.105(7.964)		
	新一线	47.929(8.052)		
	一线	48.242(4.235)		
职称	初级	47.029(7.590)	3.130	0.017
	中级	49.104(6.758)		
	副高级	47.636(5.819)		
	正高级	51.923(7.488)		
	其他	40.200(8.643)		
专业与课程匹配度	不匹配	46.778(3.734)	0.250	0.780
	相近	47.750(7.391)		
	匹配	48.370(7.320)		
教授护理服务类课程	是	48.309(7.593)	0.180	0.675
	否	47.722(5.745)		
"双师"资格	是	48.555(6.903)	3.720	0.056
	否	44.714(8.278)		
相关行业企业经历	是	48.926(6.626)	4.040	0.047
	否	46.211(8.007)		
"双师"资格培训	是	48.673(6.139)	0.420	0.520
	否	47.845(7.659)		
考评员资格	是	49.152(7.188)	2.620	0.108
	否	47.164(6.973)		
参加技能大赛	是	48.186(6.361)	0.000	0.959
	否	48.122(7.721)		

续表

变量	类别	均值(标准差)	F 值	P 值
指导学生参赛	是	49.980(7.055)	5.280	0.023
	否	47.083(6.986)		
个人深度合作企业	0~2 家	46.408(7.352)	5.250	0.006
	3~10 家	49.702(6.782)		
	10 家以上	51.533(4.627)		

以教学能力自评总分为因变量，本研究进一步采用多元回归分析来考察影响教学能力自评状况的因素。表7的模型1纳入了性别和最高学历这两项人口学特征变量，以及工龄、工作院校、院校所在地、职称、专业与课程匹配度、是否教授服务类课程、是否具有"双师"资格、是否有相关企业工作经历、是否参加过"双师"资格培训、是否取得考评员资格、是否参加过技能大赛、是否指导过学生参赛、个人深度合作企业数量、去校方合作企业工作频次这14项职业特征/经历变量。

表7 　　　　　　　**影响教学能力自我评价的多元回归分析**

	模型 1
	β
是否指导过学生参赛(参照组：否)	2.430[+] (1.411)
合作企业工作频率(次)	0.116 (0.041)
其他变量	已控制
截距	36.652 (4.212)
N	133
R^2	0.259

注：1. 括号内为稳健标准误；2. $+P<0.10$，$P<0.05$，$P<0.01$，$P<0.001$。

由统计结果可知，在控制其他变量的情况下，指导学生参加国家级及以上技能大赛，并获得国家级三等奖及以上奖项的教师在自评得分上要高于未有过此类经历的教师（$P<0.1$），这说明参加技能类大赛并获得优异成绩的经历会对教师的教学能力满意度具有积极影响；同时，去校方合作企业工作的频次越高，教师的教学能力自评得分也就越高（$P<0.01$），即教师参与更多的合作企业的工作或项目将有利于提升其对自身教学能力的满意度。

（三）教学能力培训需求的影响因素分析

表8采用了方差分析来探讨不同教师在教学能力培训需求总分上的差异。由此可以得出，在未控制其他变量的情况下，不同最高学历、院校所在地、专业与课程匹配度的受访教师在培训需求上存在明显不同（$P<0.05$），即最高学历为本科的教师对培训的需求度要高于硕士和博士学历者；院校所在地为二线以上城市的教师在培训需求上要低于三线及以下城市中的教师；但相较专业与课程匹配度较低者和较高者，匹配度相似的受访教师的培训需求反而更低，这一点有待进一步探究。

另外，不同性别、工作院校、职称、是否教授服务类课程、是否具有"双师"资格、是否有相关企业工作经历、是否参加过"双师"资格培训、是否取得考评员资格、是否参加过技能大赛、是否指导过学生参赛，以及个人深度合作企业数量等方面在统计上均不显著。

表8 　　　　　不同教师对教学能力培训需求的差异（$N=133$）

变量	类别	均值（标准差）	F 值	P 值
性别	男	48.500（12.258）	0.010	0.914
	女	48.766（11.078）		
最高学历	本科	53.158（7.807）	8.670	0.000
	硕士	45.309（12.669）		
	博士	46.000（9.457）		

变量	类别	均值(标准差)	F 值	P 值
工作院校	共同体院校	47.229(11.624)	1.310	0.255
	其他院校	49.553(11.047)		
院校所在地	五线	52.391(9.287)	3.370	0.007
	四线	51.000(9.341)		
	三线	53.474(6.577)		
	二线	47.579(10.674)		
	新一线	41.714(16.241)		
	一线	45.303(11.926)		
职称	初级	49.735(10.323)	1.280	0.282
	中级	50.125(10.189)		
	副高级	44.970(14.187)		
	正高级	49.154(9.281)		
	其他	51.800(7.950)		
专业与课程匹配度	不匹配	47.222(12.677)	4.850	0.009
	相近	42.625(12.434)		
	匹配	50.310(10.426)		
教授护理服务类课程	是	48.557(11.840)	0.070	0.792
	否	49.139(9.711)		
"双师"资格	是	48.782(11.386)	0.040	0.842
	否	48.143(10.618)		
相关行业企业经历	是	48.242(11.103)	0.580	0.447
	否	49.895(11.747)		
"双师"资格培训	是	50.327(7.739)	1.590	0.209
	否	47.774(12.843)		

续表

变量	类别	均值(标准差)	F 值	P 值
考评员资格	是	47.227(12.639)	2.300	0.132
	否	50.179(9.609)		
参加技能大赛	是	48.847(11.009)	0.010	0.904
	否	48.608(11.548)		
指导学生参赛	是	46.939(12.427)	1.940	0.166
	否	49.750(10.476)		
个人深度合作企业	0~2 家	48.521(12.219)	0.050	0.952
	3~10 家	48.745(10.180)		
	10 家以上	49.533(10.474)		

接下来，本研究将以教学能力培训需求总分作为因变量，对影响教学能力培训需求的因素进行回归分析，依旧加入了2项人口学特征变量和14项职业特征/经历变量。由表9可知，最高学历、工龄、院校所在地、职称、是否具有"双师"资格、是否有相关企业工作经历，以及去校方合作企业工作频次等变量在统计意义上显著($P<0.1$)。

具体来说，在控制其他变量的情况下，最高学历为硕士的教师的培训需求要低于学历为本科的教师($P<0.1$)；工龄越长的教师对教学能力培训的需求度越高，这或许与年龄较大的教师们更希望及时补充与时代相适应的新教学方式与内容有关($P<0.1$)；所在院校位于新一线城市的教师相比五线城市的教师的培训需求要低($P<0.01$)；相较所学专业与教授课程不匹配的教师，专业与课程匹配的教师在培训需求上更高($P<0.1$)；职称为初级的教师比已取得副高和正高职称的教师更希望进行教学能力培训($P<0.05$)；获得"双师"资格的教师对教学能力培训的需求更大($P<0.05$)；另外，有过相关企业工作经历的教师的培训需求相对较低($P<0.05$)，而目前在校方合作企业工作频次更高的教师却更希望获得教学能力培训($P<0.05$)，对此，可能的解释是有过企业工作经历的教师可能已经更好地掌握了实践教学能力，而正在频繁前往合作企业工作的教师则希望获得更强

以及更多样化的教学能力以支持其更好地开展工作。

表9　　　　　　　　影响教学能力培训需求的多元回归分析

		模型2
		β
最高学历(参照组：本科)	硕士	-4.286^{+}
		(2.253)
	博士	2.811
		(4.954)
工龄(年)		0.645
		(0.201)
院校所在地(参照组：五线)	四线	1.243
		(3.676)
	三线	1.527
		(3.154)
	二线	-0.922
		(3.354)
	新一线	-7.178^{+}
		(4.093)
	一线	-2.178
		(3.921)
专业与课程匹配度(参照组：不匹配)	相近	-2.449
		(3.731)
	匹配	6.207^{+}
		(3.503)
职称(参照组：初级)	中级	-1.950
		(2.933)

续表

		模型 2
		β
	副高级	−12.399
		(4.782)
	正高级	−14.993
		(6.268)
	其他	5.183
		(4.053)
"双师"资格(参照组:否)		6.805
		(3.023)
相关行业企业经历(参照组:否)		−4.930
		(2.325)
合作企业工作频率(次)		0.154
		(0.064)
其他变量		已控制
截距		37.765
		(5.833)
N		133
R^2		0.397

注：1. 括号内为稳健标准误；2. $+P<0.10$，$P<0.05$，$P<0.01$，$P<0.001$。

(四)教学能力培训参与意愿的影响因素分析

在此采用方差分析法来具体分析不同教师对教学能力培训参与总体意愿的差异，表 10 汇报了统计结果。其中，具有不同最高学历、不同工作院校、不同院校所在地、不同职称，以及不同专业与课程匹配度的教师在培训参与意愿上有所差异($P<0.05$)。具体来看，在未控制其他变量的情况下，本科学历者参与培训的意愿要高于硕士或博士学历的教师；其他院校的教师相较共同体院校教师更愿意参与培训；院校处于三线城市的教师比其他城市的教师有更强的培训参与意愿；初级和中级职称的教师在培训参与意愿方面比已取得副高级和正高级职称者更高；所学专业与教授课程匹配度较高的教师比其他人更愿意参与培训。

但是，性别、是否教授服务类课程、是否具有"双师"资格、是否有相关企业工作经历、是否参加过"双师"资格培训、是否取得考评员资格、是否参加过技能大赛、是否指导过学生参赛，以及个人深度合作企业数量等方面在统计上没有差异。

表 10　　　　不同教师对教学能力培训参与意愿的差异($N=133$)

变量	类别	均值（标准差）	F 值	P 值
性别	男	47.308(13.558)	2.370	0.126
	女	51.449(11.975)		
最高学历	本科	54.526(7.919)	5.400	0.006
	硕士	47.971(13.789)		
	博士	45.625(18.345)		
工作院校	共同体院校	47.833(13.815)	3.960	0.049
	其他院校	52.224(11.230)		
院校所在地	五线	53.087(9.774)	2.660	0.025
	四线	52.400(9.372)		
	三线	56.263(5.980)		
	二线	51.579(8.382)		
	新一线	46.000(19.407)		
	一线	45.788(15.031)		

续表

变量	类别	均值（标准差）	F 值	P 值
职称	初级	53.235(9.145)	2.820	0.028
	中级	52.063(11.494)		
	副高级	45.061(15.821)		
	正高级	49.923(11.049)		
	其他	58.000(4.472)		
专业与课程匹配度	不匹配	48.111(13.860)	4.360	0.015
	相近	44.458(13.844)		
	匹配	52.35(11.434)		
教授护理服务类课程	是	50.814(12.717)	0.070	0.789
	否	50.167(11.488)		
"双师"资格	是	50.202(12.539)	1.420	0.235
	否	54.357(10.323)		
相关行业企业经历	是	50.695(12.187)	0.010	0.935
	否	50.500(12.938)		
"双师"资格培训	是	52.531(7.948)	1.830	0.179
	否	49.536(14.246)		
考评员资格	是	48.970(14.333)	2.420	0.122
	否	52.284(9.875)		
参加技能大赛	是	51.153(12.396)	0.180	0.670
	否	50.230(12.395)		
指导学生参赛	是	48.429(14.007)	2.510	0.115
	否	51.929(11.171)		

续表

变量	类别	均值（标准差）	F 值	P 值
个人深度合作企业	0~2 家	51.056（12.918）	0.090	0.913
	3~10 家	50.255（12.353）		
	10 家以上	49.867（10.091）		

表 11 展示的是影响教师对教学能力培训参与意愿的多元回归结果。模型 3 同样纳入了 2 项人口学特征变量和 14 项职业特征/经历变量。

表 11　　　　　影响教学能力培训参与意愿的多元回归分析

		模型 3
		β
工龄（年）		0.503
		(0.208)
职称（参照组：初级）	中级	-3.468
		(3.111)
	副高级	-14.330
		(5.239)
	正高级	-14.343
		(6.720)
	其他	6.095
		-3.468
其他变量		已控制
截距		45.308
		(7.042)

续表

		模型 3
		β
N		133
R^2		0.325

注：1. 括号内为稳健标准误；2. +$P<0.10$，$P<0.05$，$P<0.01$，$P<0.001$。

结果表明，教师的工龄和职称会显著影响其参与培训的意愿（$P<0.1$）。具体来说，在控制其他变量的情况下，教师的工龄越长，其参与培训的意愿越强烈，这可能与其自身需要与时俱进地汲取新教学方法和内容，以更好地适应教学需求有关；但同时，相较初级职称的教师，已取得副高级和正高级职称的教师的参与意愿比较低。因此，工龄长、职称低的教师在参与意愿方面更为强烈。

五、结　　果

本研究采用自制的《养老服务职业院校教师发展状况调查》问卷，着重分析养老领域中教师的教学能力及其培训需求，并进一步考察了其影响因素。研究结果概括如下：

第一，教学能力的重要性认知。不同教学能力中，"实践技能"的重要性得分均值最高（9.32 分），"X 证书"的得分均值最低（7.98 分）。教学能力重要性认知总分的均值为 53.70 分（标准差 6.93），整体处于较高水平。

通过方差分析发现，不同教师对教学能力重要性的总体认知无明显差异。

第二，教学能力的自评状况。针对六项教学能力，受访教师自评得分均值最高的是"职业教育理念"（8.53 分），最低的是"X 证书"（7.06 分）。教学能力自评总分均值为 48.15（标准差 6.93），可见总体自评状况较好。

本研究通过方差分析和多元回归模型来分析不同教师的教学能力总体自评差异。方差分析的结果显示：未控制其他变量的情况下，正高级职称、有过相关行业企业经历、指导过学生参赛并获奖、个人深度合作企业数量越多的教师的总体自评状况相对较好。多元回归结果表明：在控制其他变量的情况下，指导学生参加竞赛并获奖项的教师在自评得分上要高于未有过此类经历的教师（$P<0.1$）；去校方合作企业工作的频次越高，教师的教学能力自评得分也就越高（$P<0.01$）。

第三，教学能力培训需求。在各项教学能力中，培训需求最为迫切的是"教学信息化技术"（均值 8.46 分），其次是"实践技能"（均值 8.41 分），培训需求较低的是"职业教育理念"（均值 7.74 分）和"X 证书"（均值 7.82 分）。教学能力培训需求总分均值为 48.71（标准差为 11.27）。

探讨不同教师是否在教学能力培训总体需求上存在差异是本研究的重要课题。根据方差分析结果可知，在未控制其他变量的情况下，最高学历为本科、院校所在地为二线以上城市、专业与课程匹配度较高的受访教师的培训需求更高。多元回归结果显示，在控制其他变量的情况下，最高学历为硕士的教师的培训需求低于本科学历者；所在院校位于新一线城市的教师的培训需求低于五线城市者；同时，相较已取得副高和正高职称的教师，初级职称的教师更希望进行教学能力培训。另外，工龄越长、专业与课程匹配度较高、没有相关企业工作经历、获得"双师"资格、目前在校方合作企业工作频次更高的教师的培训需求度更高。

第四，教学能力培训参与意愿。总的来说，各项教学能力培训的参与意愿较高，均值都在 8 分以上。其中，教师参与意愿最高的是"实践技能"（均值 8.70 分），相对较低的是"职业教育理念"（均值 8.11 分）和"X 证书"（均值 8.23 分）。教学能力培训意愿总分均值为 50.64（标准差 12.36）。

在具体分析受访教师培训参与意愿的影响因素后，方差分析结果显示：在未控制其他变量的情况下，本科学历者、非共同体院校、院校处于三线城市、初级和中级职称、所学专业与教授课程匹配较高的教师比其他人的参与意愿更高。进一步在控制其他变量的情况下，回归结果说明，工龄长、职称低的教师在参与意愿方面更为强烈。

第五，对教学能力培训方式的偏好。在"职业教育理念"方面，最受欢迎的培训方式是专家学者开展专题报告；在"教学方法"方面，与专家对话的交流性研讨培训被认为是最佳的培训方式；在"教学内容"方面，自主读书学习是被选择最多的培训方式；在"实践技能"方面，到优秀院校、企业跟岗实践成为最受支持的培训方式；在"X 证书"和"教学信息化技术"方面，被认为最佳的方式均是拓展训练。

六、讨　　论

本研究的调查结果揭示了养老服务职业院校教师发展现状中的几个关键因素。首先，研究表明，养老专业教师普遍高度重视教学能力，并对自身的评价较为积极，这反映了他们对提供高质量教育的责任心和持续学习自我要求。我们在线下访谈中也发现，很多从事养老服务教育的教师有着强烈的社会责任感，有着献身于养老服务事业的大爱情怀，他们的积极态度为养老服务职业教育的发展提供了坚实基础。这与朱旭东提出的教师专业发展理论模型相一致，即教师的内在动机和责任感是推动其专业发展的重要因素。[①]

其次，共同体院校的教师拥有更多的学习和成长资源，并且自评表现更好。这主要归因于教育部创新团队项目的建设，为教师提供了更多学习和实践的机会，使他们能够更好地融入养老服务实践，并与行业专业人士交流合作。这些实践和合作的机会为教师提供了丰富的教学成长资源和信心，从而提高了他们的教学质量和专业能力。这与美国 NBPTS 的五项核心原则中强调的教师应持续学习和反思实践是一致的。[②]

此外，参与比赛和企业实践是教师获得教学成长和信心的重要途径。对于职业院校教师而言，教学实践和与实际工作环境的接触对于教师的专业发展至关重要。应鼓励教师积极参与教学比赛和与养老服务企业的合作实践，可以为他们提供宝贵的经验和机会，促进其教学能力的提升。

研究还发现，工龄较长且职称较低的教师有更强的生存危机感，同时表现出更强的学习意愿。这表明他们意识到自己在养老服务职业教育领域中面临的挑战，并且渴望通过学习和培训来提高自己的专业水平和竞争力。针对这一群体，各类院校可以提供相关培训和发展计划，以满足他们的学习需求，并帮助他们克

---

① 朱旭东. 论教师专业发展的理论模型建构[J]. 教育研究，2014，35(6)：81-90.

② NBPTS. What Teachers Should Know and Be Able to Do. https：//www. accomplishedteacher. org/_files/ugd/0ac8c7_57f43403bdd649949b51d4529d8389dd. pdf.

服生存压力，实现个人和职业的长足发展。

综上所述，本研究揭示了养老服务职业院校教师发展现状和影响因素，并指出了存在的问题与面临的挑战。在国家级创新团队 2019—2023 年的建设期内，我们在共同体院校以及更多的同类院校中分享了研究结果。基于此研究，我们探索了建立养老服务领域的教师发展中心、实施分层分类的教师发展策略，以满足不同教师群体的需求，进一步推动养老服务职业教育的质量提升和可持续发展。

融合与创新：高水平、结构化"双师型"教学创新团队建设路径探索
——以北京劳动保障职业学院为例

一、引　　言

随着我国人口老龄化程度的加深，社会对智慧健康养老服务的需求日益增加，迫切需要一支既有扎实专业知识又具备企业实践经验的"双师型"教师队伍在养老服务教育领域发挥应有的作用。2019 年 8 月，北京劳动保障职业学院的智慧健康养老服务与管理专业入选为教育部首批国家级职业教育教师教学创新团队立项建设项目。依据《全国职业院校教师教学创新团队建设方案》①，该项目旨在以加强团队教师能力建设、建立团队协作共同体、构建对接职业标准的课程体系、创新团队协作的教学模式，并形成高质量、有特色的经验成果，从而深化职业院校的"三教"改革，示范引领高素质"双师型"教师队伍建设。经过四年的努力，本团队于 2023 年 6 月通过了教育部验收，正式被确认为国家级教学创新团队。本文将详细探讨具体的团队与专业构建实施措施及其效果，以期为职业教育领域的教育教学创新团队建设和"双师型"教师队伍建设提供参考和借鉴。

二、研　究　背　景

近年来，国家高度重视职业教育教师队伍建设。2019 年国务院发布的《国家

---

① 教育部. 全国职业院校教师教学创新团队建设方案(教师函〔2019〕4 号)［EB/OL］.
（2019-06-05）［2024-04-30］. http://www.moe.gov.cn/srcsite/A10/s7034/201906/t20190614_385804.html.

职业教育改革实施方案》和 2021 年中共中央办公厅和国务院办公厅发布的《关于推动现代职业教育高质量发展的意见》，明确指出要加强双师型教师队伍建设[1]2022 年修订的《中华人民共和国职业教育法》强调，要加快培养康养等方面的技术技能人才。[1]

从职业教育发展的视角来看，实施积极应对人口老龄化的国家战略，急需建立一支既有扎实专业知识又有企业相关工作经历或实践经验的"双师型"教师队伍，确保教师既具备理论教学素质，又具备实践教学素质，以培养适应康养产业需求的高素质技术技能人才。然而，当前智慧健康养老服务领域的教师队伍建设仍存在诸多挑战。首先，教师队伍结构单一，许多高职院校的教师缺乏企业实践经验，在不同程度上影响了实践教学质量。其次，校企合作不够深入，缺乏系统的培养机制，缺少实践基地，限制了教师实践能力的提升。此外，现有的评价与激励机制不健全，难以全面反映教师的实际教学能力和实践水平，激励机制的作用有限。

相较普通教育，职业教育的教师团队建设存在其特殊性，我们对相关领域的文献进行了回顾，发现众多学者都对如何建设高水平的教师队伍提出了自己的看法和见解。李贤彬等人探索了教师创新团队的内涵和愿景，认为建设标准体系、规范建设路径、优化组织结构、完善保障机制、建构教师培育体系是高质量完成创新团队建设任务的有效对策。[2] 李国成、徐国庆从团队结构化的理论框架出发，认为新时期高水平结构化教师教学创新团队建设需在科学理念、协同创新、制度供给、团队文化建设等方面下功夫。[3] 谢宾从共生理论视角出发，认为目前教学创新团队存在共生单元来源单一、共生模式固化失范、共生环境机制缺乏等问题。[4]

---

[1] 中共中央办公厅、国务院办公厅. 关于推动现代职业教育高质量发展的意见［EB/OL］. （2021-10-12）［2024-04-30］. http：//www. moe. gov. cn/jyb_xxgk/moe_1777/moe_1778/202110/t20211012_571737. html.

[2] 李贤彬，李敏，杨星焕. 职业教育教师教学创新团队建设的现实困境与实施对策［J］. 教育与职业，2021(19)：94-98.

[3] 李国成，徐国庆. 高职院校高水平结构化教师教学创新团队建设研究［J］. 职教论坛，2021，37（3）：86-89，94.

[4] 谢宾. 共生理论视域下高职教师教学创新团队建设的问题与策略［J］. 教育与职业，2022(19)：65-71.

自 2019 年以来，北京劳动保障职业学院先后被选入北京市特色高校建设项目、教育部双高专业群建设项目及教育部提质培优工程建设单位。智慧健康养老服务与管理专业群入选为北京市特色骨干专业、双高专业群建设点。在职业教育利好政策和高质量发展的背景下，如何有效组建高水平、结构化的双师型教学团队？如何统筹学校的重大项目建设，通过协作共同体和课题研究等方式凝聚和锤炼教学团队，打造教学创新团队建设的范式？这些都是新的课题，因此，开展教学团队建设路径研究具有重要的现实意义。

三、"双师型"教学团队建设路径

借鉴德国"双元制"职业教育模式和其他国际职业教育的成功经验，并参考国内学者的研究成果，我们探索了通过"三融合协同建设"和"三创新驱动发展"两条路径的协同作用(见图 15)，推动产教融合、团队协作创新和技术应用，优化教师队伍结构，提升团队的整体水平与持续发展。下面详细探讨实施策略。

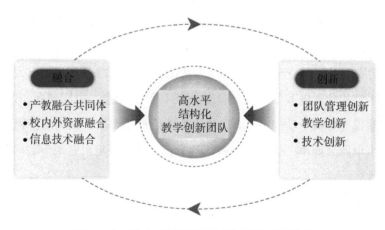

图 15 "三融合三创新"教学创新团队建设路径

(一)"三融合"协同建设

"三融合"协同建设包括产教融合共同体、校内外资源融合和信息技术融合建设，旨在优化资源配置，实现各方的协同发展。

1. 产教融合共同体的建设

（1）牵头组建京津冀养老服务产教融合共同体

国务院发布的《关于深化现代职业教育体系建设改革的意见》指出，统筹推进职普融通、产教融合、科教融汇。① 发挥企业与学校的双主体作用，整合养老行业资源，聚焦行业，由链长企业牵头，整合上下游资源，联合学校和科研机构，共同建设一批优势互补、资源共享、联合育人、协同创新、融合发展的跨区域行业产教融合共同体。产教深度融合是职业教育改革的难点与重点，我们在多次沟通和协调、共同研讨后，由我校与养老头部企业北京慈爱嘉养老服务有限公司、北京大学共同牵头，联合了 30 余所学校、上下游企业、行业协会、社会组织和科研机构等，组建了京津冀养老服务产教融合共同体。在我校智慧健康养老服务与管理国家级教学创新团队、双高专业群以及国家级双师培训基地建设的基础上，通过建立联合工作组、开展调研与需求分析、开发共享课程与教材、建设实训基地、实施教师到企业挂职锻炼、推进双导师制、举办行业研讨会、开展"入学即入职"改革试点等具体措施，形成区域联动的运行机制，实现产教供需高效对接，共同推动养老人才培养、教学资源建设和师资队伍建设，助力京津冀养老行业实现智慧化、体系化、规范化的高质量发展。

（2）通力合作助力教育部养老共同体的发展

作为养老和家政服务共同体的主要成员单位②，我们与长沙民政职业技术学院及其他院校、企业通力合作，协同创新，助力共同体的发展。这是基于共同的

① 中共中央办公厅 国务院办公厅 . 关于深化现代职业教育体系建设改革的意见［EB/OL］. 国务院公报 2023 年 1 号 .（2022-12-21）. https：//www. gov. cn/gongbao/content/2023/content_5736711. htm.

② 根据教育部《全国职业院校教师教学创新团队建设方案》，2020 年，由长沙民政职业学院牵头成立了"养老·家政专业领域协作共同体"，包括入选为首批养老服务和家政服务专业领域的国家级职业教育教学创新团队所在的 10 所院校：长沙民政职业技术学院、北京劳动保障职业学院、北京社会管理职业学院、滨州职业学院、天津医学高等专科学校、聊城职业技术学院、长春医学高等专科学校、苏州卫生职业技术学院、乐山职业技术学院、岳阳职业技术学院。

价值取向，以互利共赢、互融共生为纽带进行结合并形成的可持续发展的有机整体。在每年举办的常规协作共同体交流活动中，在团队建设、人才培养、教学改革、职业技能等级证书培训考核、资源共享等方面协同创新，并着力推进专业设置与产业需求对接、课程内容与职业标准对接、教学过程与生产过程对接。此外，我们还积极参与了国家职业教育智慧教育平台上共同体网站的建设，分享团队建设的经验与做法、共建共享资源。①

（3）"1+N"校企共建养老服务教师发展中心

根据教育部《关于加强高等学校青年教师队伍建设的意见》，高校应设立教师教学发展中心以促进教师专业发展。② 然而，目前高职院校的教师发展中心仍处于初步发展阶段，"双高计划"高职院校中仅有半数设立了教师发展中心，其中90%是挂靠运行在人事处等部门，仅20%的院校有明确的教师发展中心工作职责，工作内容的开展还有待丰富。③④ 我们对同类院校和共同体成员单位也开展了访谈，结果显示，各高职院校的教师发展中心在专业成长和发展方面虽有进步，但仍存在机构设置不完善、职能发挥不足、需求服务不匹配和活动效果不明显等问题，多数高校教师发展中心的设置呈现行政水平高但学术能力低的特点，主要开展全体教师培训和教学竞赛等活动，这样不利于提高专业教师的教学研究能力。

为了解决这些问题，我校提出了"1+N"校企共建模式，建设养老服务职业教育教师发展中心。"1"是指在学校教师发展中心下设的专业领域教师发展分中心，作为基础平台；"N"则是与智慧健康养老服务与管理专业群相关的"医、养、护、康、管"等领域的典型企业和行业机构紧密合作。通过与养老服务、家政服

---

① "养老·家政"专业领域协作共同体网站．https：//org.ttcdw.cn/571992775762006016/．

② 教育部、中央组织部、中央宣传部、国家发展改革委、财政部、人力资源和社会保障部．关于加强高等学校青年教师队伍建设的意见（教师〔2012〕10号）〔EB/OL〕．（2012-11-08）〔2024-02-14〕．http：//www.moe.gov.cn/srcsite/A10/s7034/201211/t20121108_145681.html．

③ 刘辰，鲍真真，王鑫禹，等．高职院校教师发展中心建设研究：现状、功能定位与建设路径〔J〕．学周刊，2022（17）：8-10．

④ 文爱民，郭兆松，朱素阳．产教融合视域下高职院校"1+N"教师发展中心模式的创新研究〔J〕．滁州职业技术学院学报，2023，22（4）：1-6．

务共同体合作院校和校企命运共同体的合作，并依托北京市人力资源职教集团，以满足专业教师的发展需求为核心，开展养老服务领域教师发展中心的建设（见图16）。

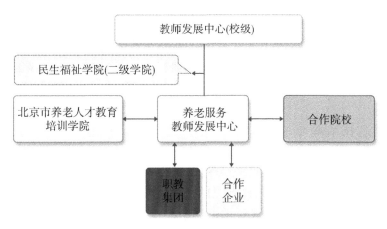

图16 "1+N"校企共建养老服务教师发展中心

2. 校内外资源融合

(1)专兼结合的教师队伍

整合校内外资源，建设一支由专职教师和兼职企业导师组成的高水平教师队伍。我们选聘了两位全国技术能手担任技能大师，选聘了9位企业高级管理者担任产业导师或顾问，邀请企业技术专家兼职任教。他们为团队师生开展讲座，分享实际工作经验、专业知识和教学案例，指导创新团队成员进行教学改革，并为教师提供企业实践岗位。此外，他们还指导教师完成技术技能服务，并承担校内实训实践课程的教学任务。

(2)校企共建实践基地

建设和完善校内实训基地，企业导师与学校教师共同设计课程，确保教学内容与行业需求紧密结合。在实训基地中，利用仿真模拟技术，创造接近真实工作环境的实训条件。企业导师不仅参与课堂教学，还为学生提供实践指导和职业发展建议，形成理论与实践相结合的培养模式。与企业合作开展实习和实践项目，开发养老机构实习指南，确保学生能在不同类型的养老机构中获得实际工作经验。

（3）资源共享机制

一是邀请来自国内外的 30 余所开设康养类专业的职业院校、企业和行业协会等，建设养老服务联席会议和虚拟教研室，建立校企资源共享平台，促进教学设备、师资力量和课程资源的共享与互补。二是通过在职进修、企业挂职、国内外交流等形式，与同类院校和企业合作，促进教师在企业中的实践锻炼和专业发展。三是开展支部共建、集体备课、主题研讨会以及教师企业实践等共同体活动，形成能够平稳运行的组织机构及相应的运行机制。

3. 信息技术融合

（1）虚拟现实和人工智能技术在教学中的应用

引入虚拟现实（VR）和人工智能（AI），增强教学效果，提升学生的参与度。一方面，利用 VR 技术，模拟多个养老服务场景，学生可以通过 VR 设备进行模拟操作，提高操作技能和应急处理能力。另一方面，应用 AI 技术系统开展学习评估和反馈，教师可以及时了解学生的学习进度和薄弱环节，进行有针对性的辅导。

（2）智慧健康养老服务平台的利用

开发在线学习和资源共享平台，整合丰富的教学资源，包括课程视频、操作指南、案例分析、实践资源等，学生可以随时随地进行学习和练习。此外，平台还提供在线测试和评估功能，学生可以通过自测了解自己的学习情况，及时查漏补缺，提升学习效果。

（二）"三创新"驱动发展

聚焦中国特色高水平的智慧健康养老服务与管理专业群建设，我们组建了一支高水平、结构化的教学创新团队，开展团队管理创新、教学创新和技术创新，推动团队的持续发展与创新能力的提升。

1. 团队管理创新

（1）团队构建与优化

通过严格的选拔机制，整合校内外优质人才资源，优化团队成员配置，开展跨学科、跨专业的协作。队伍构成包括团队带头人、教学名师、骨干教师、青年教师、企业导师五个层级。校内专职教师涵盖公共基础课、专业基础课、专业核心课教师及实习指导教师。企业教师均来自北京市养老行业中的领军养老机构，拥有丰富的养老行业人才培训经验、养老机构工作经验和浓厚的育人情怀。专业构成涵盖了养老服务的各主要领域，包括人口学、护理学、心理学、法学、管理学、社会保障、营养学、中医学、运动康复学、教育学、外国语等专业。团队成员全部为硕士以上学历，其中，博士占33%，高级以上职称(含企业高管)占50%，平均年龄40岁，而且"双师型"教师占比95%。

团队负责人是北京市职业院校专业带头人，具有丰富的职业教育和养老服务经验，以及深厚的学术造诣和组织协调能力、凝聚力。主要职责是制定团队建设方案和专业发展规划、引领教学改革和专业、课程标准建设，跟踪养老服务行业和职业教育国内外发展动态，整合政府、企业、行业和院校等各方面资源，组织申报课题和指导开展研究。团队成员分工合作，深入开展高水平专业群建设、对接新职业新技术新标准的人才培养方案修订、1+X证书试点、岗课赛证融通育人、模块化教学改革、课堂革命等"三教"改革(见图17)。

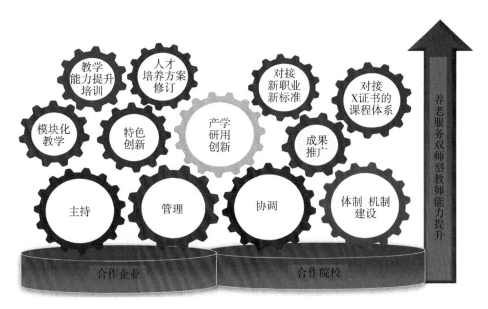

图 17　团队成员分工

（2）团队规划和体制机制创新

一是统筹规划，布局创新团队建设。学校成立了以党委书记和校长为组长、其他党委委员为成员的创新团队领导小组，将国家级创新团队建设项目与中国特色高水平专业群建设、北京市特色骨干专业建设、提质培优项目同规划、同部署、同标准、同建设。在创新团队的顶层设计上坚持"首善标准"，坚持把首都意识作为学校改革发展的第一原则，把立德树人的成效作为检验学校一切工作的第一标准。明确创新团队规划路径与建设目标，即立足中国养老现状，围绕提高专业人才培养质量，践行"三心三老"专业文化理念（细心、耐心、责任心的职业情怀，养老、敬老、孝老的职业素养），实施"三融三育三结合"、开展"三教"改革与实践，打造一支具备实施标准开发、深化教学改革、参加技能大赛和运用信息化技术等能力的高素质创新团队。

二是因地制宜，支持团队协同发展。学校主动适应首都新发展阶段、新发展理念、新发展格局，紧扣"七有"要求（幼有所育、学有所教、劳有所得、病有所医、老有所养、住有所居、弱有所扶）和"五性"需求（市民需求的便利性、宜居性、安全性、公正性、多样性），服务新阶段首都发展战略，更好地满足城市发展定位对高技术技能型人才的需求。学校重新规划南北校区功能，将具有地缘优势的南校区整体调整给创新团队所在专业群作为办公和学习地点，为创新团队发展提供更好的成长空间。

三是"一套制度、两个机制"充分激发团队创造力。学校建立了"一套"科学的薪酬制度，完善了新时期教师评价与职称评聘"两个"机制。通过薪酬绩效管理体系，赋予了团队一定的绩效工资分配权限，实现多劳多得、优绩优酬。在职称评聘制度修订过程中，学校将国家级创新团队建设列入突出成果清单，着力推行教师职称评聘代表性成果评价模式。建立科学合理的评价与激励机制，不仅关注教师的教学工作量，更关注教师的实践能力和教学效果，激发教师参与企业实践、开展教学创新的积极性，形成了一个高效协同的团队体系。

四是实施"三级三师四段式"培养体系激发教师成长力。学校教师发展中心形成了"三级"（国家级+市级+校级）教师教学创新团队培育、"三师"（产业导师、技能大师、首席专家）引领、"四段"（新入职教师、青年骨干、专业带头人、教学名师）梯队培养机制、多层次的激励保障机制等较为完善的系统培养体系，并通过组织团队教师进行专项培训、出国进修、深入企业实践等措施，推动"三全育人"。

学校将养老服务教师发展中心建设纳入总体发展规划，并列为重点工作任务，设立二级学院领导小组和专家委员会，形成完善的保障、激励、监督和评价机制。养老教师发展中心明确学术定位，承担课程、教材、教学方法和教学评价等方面的研究工作，制定特色培训方案，重点开展教师专业理论知识和技能培训，提高教师的教学能力，满足教师个性化、专业化发展需要。

(3)团队管理模式创新

高职院校高水平、结构化教师教学创新团队作为新型教学组织，是新时代高职教育改革的基石。我们不断优化团队建设方案，紧随职业教育高质量发展的步伐，探索教师创新团队的内涵和愿景，以"极致匠心、追求卓越、引领创新"为追求目标，以"雁阵原理"激活团队成员联动飞行，打造了一支高素质、结构化的雁阵形教学创新团队(见图18)。同时，按照能出能进、动态调整的原则进行优化，配套多层次的激励保障机制，能动地发挥团队教师专业成长的积极性。此外，学校实施岗位领航行动计划，建立产教融合、创新团队、教研赛、课程思政、精品课程、社会服务等岗位领航机制，合理规划教师团队阶段成长目标或专业发展研究方向，激活了团队成员的潜力和价值实现感。

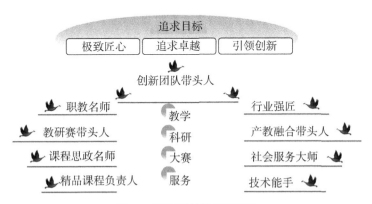

图 18　雁阵形教学创新团队

2. 教学创新

(1)创新中国特色学徒制育人模式

根据学生成才发展规律，学校与头部养老机构合作，探索开展"四双两共同三三制"中国特色学徒制育人模式。"四双"即双主体育人、双导师队伍、学生双身份、校企双基地，"两共"即校企共同建设行业标准、共同承担培养成本，"三三制"是指职前 3 年培养(现代学徒制)与职后 3 年培训(企业新型学徒制)相结合。学生第一年在学校学习，第二年采用"1+4"(1 天学校、4 天企业)形式，以见习职工身份到企业轮岗；第三年在企业开展岗位实践，签订劳动合同并获得学历证书。入职三年内，校企共同开展岗位实践能力提升培训、社会服务等内容。实施现代学徒制，让学生在学习期间就能以见习职工的身份到企业轮岗，参与实际工作并不断积累经验，提升职业能力。

(2)对标对表制定产教融合的人才培养方案

根据最新的国家和地方标准(包括 2020 年版《职业教育(专科)专业目录》、2019 年版《养老护理员国家职业技能标准》、2022 年版《职业教育专业简介》、2023 年版《北京市职业院校教学管理通则》等)，对接教育部 1+X 证书，面向老年人能力评估师、康复辅助技术咨询师、健康照护师、医疗护理员、社区健康护理员等新职业，以养老机构、居家服务人才培养岗位为主线，修订人才培养方案和课程标准，统筹布局技能训练、思政、美育、劳动教育、创新创业教育、专业岗位实习等，实施岗课赛证融通育人。

(3)基于 PGSD 能力模型构建课程体系

组建由专任教师、企业人力资源主管、岗位能手、行业专家组成的工作团队，分析产业相关岗位的工作流程和职业发展路径，明确人才培养规格，并通过典型职业活动转化、必备能力分析整合、运用能力解决问题等方式开发课程及教学内容，以能力体系和学生认知规律为主线对课程进行编排，构建进阶式、模块化的课程体系。初阶培养包含创新思维的通用性职业素养，中阶培养一技之长兼顾创新技能，高阶培养复合技能及创新实战技能，相应地将课程根据性质和功能划分为基础性模块、核心性模块、发展性模块。同时，设置思政教育体系、实训教学体系和实践教学体系三个纵向维度，贯穿三类课程模块，形成横纵交织的模块化课程体系。

（4）模块化课程设计

引入企业培训课程和行业认证课程，丰富学校课程内容。借鉴国际先进职业教育课程，并结合本地实际进行本土化改造，设计出模块化课程，让学生可以根据自己的兴趣和发展方向选择不同的课程模块，个性化地提升专业能力。同时，实施1+X书证融通试点，学生在完成学业的同时，可以获得多项职业技能证书，有效提升就业竞争力。

（5）理实一体化教学模式

团队成员分工协作完成模块化教学，形成各具特色的教学风格，并能将理论教学与实践操作有机结合，增强学生的实操能力。一是通过设计真实的工作任务和情境，将理论知识转化为实际操作技能。二是创建了多种养老服务场景，学生可以在各种真实场景或虚拟环境中进行操作练习，提升实操能力。三是安排学生定期在校外实践基地开展实习和实践，确保他们在校期间能够积累丰富的实践经验。

此外，依托学习通、职教云等教学平台、虚拟仿真实训平台，一方面，以学生为中心，运用五星教学法、任务驱动法、翻转课堂等教学方法，另一方面，构建集过程与结果为一体、价值引领与知识传授并重、职业修养与技能提升共存，并通过道德、能力、成长三个维度，学生、教师、第三方（成果认定、可申请免修）三个主体实施的"三纵三横"课程考核评价体系。

3. 技术创新

（1）职业标准建设与引领

团队教师作为主要成员，参与了教育部1+X医养个案管理证书和1+X失智老年人照护员证书的职业技能等级标准开发，以及系列教材的主编工作，有助于提高同类院校的人才培养质量，拓宽学生的就业和创业能力，进一步提升职业教育的规范性和前瞻性。团队教师主持了9项北京市民办职业培训资格标准的编制工作，并参与了2项地方规范和团体标准的建设。在此过程中，团队教师充分发挥了其专业优势和领导作用，积极推动了职业教育标准化建设的进程。

（2）教学资源开发与利用

团队成员持续更新我们主持的国家级职业教育教学资源库，围绕专业群的进阶式模块化课程体系，校企共建动态课程资源包。其中包括教学视频和动画、操作指南、案例分析、综合训练系统和虚拟仿真训练情境等。在资源开发过程中，团队积极应用先进的技术手段，创新教学资源的呈现形式和互动体验。团队建立了高效的教学资源应用与共享机制，既为教师开展线上线下混合式教学模式改革提供了强有力的支撑和服务，也为学生提供了个性化的学习路径和资源。尤其是在虚拟仿真和综合训练系统的开发中，团队利用最新的技术，使教学活动更加生动直观，提高了学生的学习兴趣、增强了教学效果。

此外，学校建设的智慧教学平台和国家智慧教育平台向社会人员开放，这些优质的资源使更多人能够受益，享受技术创新带来的便利。

(3)智慧养老技术创新与应用

推动新一代信息技术在健康及养老领域的集成创新和融合应用，开发出一系列智能化养老产品应用的解决方案，极大地改善了老年人的护理效果和生活质量。团队还注重指导学生参与各类创新创业大赛，激发学生的创新思维和实践能力，并通过提供项目指导和技术支持，帮助学生在比赛中取得优异成绩，培养了大量具备创新能力和专业素养的优秀人才。

(4)新型养老服务模式探索

一方面与合作企业、中国银行北京分行签约，推动"时间银行"互助养老模式的落地实施，满足老年人的多样化需求。鼓励年轻人参与志愿服务，积累时间积分，以便在将来获得相应的养老服务。互助养老模式既缓解了社会养老服务的压力，也促进了代际之间的交流。另一方面，落实京津冀三地养老服务协同发展政策，积极推动"异地养老"项目的实施，实现共同体内部资源共享与协同发展。通过异地养老项目，老年人可以选择适合自己的居住环境，享受三地之间优质的养老服务资源，提高生活质量。

四、建　设　成　效

(一)打造了高水平、结构化的"双师型"教师队伍

团队在课程思政、教师能力建设、协作共同体建设、专业建设、模块化教学

改革等方面取得了突破和创新，重视全方位提高教师的整体专业素质和业务水平。

通过定期的专业培训和企业实践，教师不仅掌握了最新的养老服务技术，还积累了丰富的教学经验，进而提升了教学质量，优化了教学效果。团队中新增的5名成员被认定为北京市"双师型"教师，使团队的双师素质比例达到95%。

团队建设四年来，取得了丰硕的教学和科研成果，包括多项国家级和省部级成果，以及出版专著、发表论文等，并指导学生在各类竞赛中获得奖项，充分展示了团队在教学和科研方面的实力。部分成员获得了校级和市级的各种培养项目支持，完成了多项国家级和省部级课题，并在市级和校级课题中取得了重要进展。团队还获得了多项北京市教学成果奖和教学能力大赛奖项。这些成就不仅展示了团队的整体素质，也推动了职业教育的发展和创新。

（二）提升了人才培养质量

通过产教融合、校企合作的教学改革与实践训练，学院显著提升了人才培养质量。通过对学生的理论知识、操作技能和职业素养进行多维度综合评价的结果来看，学生在职业能力和就业竞争力方面表现突出。我们创新人才培养模式，立德树人，为首都民生事业的发展培养了一批优秀人才，其中既有荣获全国民政行业职业技能竞赛养老护理员职业竞赛一等奖的技术能手，也有享誉行业的金牌培训师，更多的是被老年人称为"好孙女""忘年交"的在一线默默无闻地工作的耕耘者和奋斗者。培养的学生在养老服务行业得到了广泛认可，毕业生的就业率和就业质量显著提升，许多学生成为行业中的骨干力量。

（三）满足了社会需求

团队积极响应社会需求，与头部康养机构主动对接，联合校内人力社保专业群、城市安全运行专业群共建智慧养老课程，实现了课程内容与人工智能、健康照护、社区工作、商业保险等岗位需求的紧密结合，有力激活了全链条、多层次智慧养老产业人才价值。近年来，学院为首都培养老年服务人才近千人，培训行业从业者上万人，遍布养老龙头企业，有效推动了首都养老服务人才队伍的年轻化和专业化发展。许多毕业生坚守在养老护理机构、社区、培训服务等一线岗位，不仅较好地满足了社会需求，而且其中不少人已经成为业内骨干。

团队开发并实施了针对多项核心职业能力模块的养老社会培训，对接老年人能力评估师、康复辅助技术咨询师、医养个案管理师等新职业，开发了养老师资培训项目，面向全国范围内的45家职业院校和15家行业社会组织推广并提供免费培训和指导，锻炼了团队的社会服务能力。

（四）发挥了辐射引领作用

团队建设在校内外发挥了辐射引领作用。在校内，带动了1个国家级团队立项，培育了1个市级和2个校级教学创新团队。在行业内，带动了协作共同体和兄弟院校获批省市级创新团队立项2项。依托团队所在的国家级双师培训基地，团队开展了老年人能力评估、医养个案管理与整合照护、居家社区智慧健康养老服务人才培养等新技术的双师素质教师培养，显著提升了同类院校的双师素养。

团队建设成果被中央电视台《焦点访谈》《新闻调查》《夕阳红》等栏目多次报道，被中国教育报、北京电视台等媒体报道。同时，团队相关成果与活动信息在抖音、腾讯视频、微信、今日头条等自媒体平台上广泛传播，支撑了首都养老服务全产业链人才培养，服务首都高品质民生事业效果突出，为推动老龄事业发展凝聚了更多共识。

学院与马来西亚新纪元大学学院联合设计了养老师资培训项目和留学生培养项目，开展养老核心课程的标准输出；为巴基斯坦拉合尔工程技术大学师生开设中医药专题线上公开课，探索境外职业教育和培训模式。学院还运用最新的智慧健康养老服务与管理专业教学成果，开发标准化的国际课程，获得泰国教育部职业教育委员会的认证和直通省级以上职教部门下属职业院校的认可。通过这些努力，学院不仅为养老行业培养了高质量人才，而且以知识创新服务"一带一路"国家，彰显了中国的国际影响力。

五、经 验 总 结

我们通过"三融合协同建设"和"三创新驱动发展"的协同作用，深化产教融合、团队协作创新和技术应用，优化了教师队伍结构，提升了团队的整体水平和可持续发展能力，也探索出一套行之有效的教学团队建设模式，为养老服务领域团队建设和职业教育的发展提供了参考。

(一)团队建设助推了学校的体制机制创新

在教学创新团队建设的过程中，学校成立了以党委书记和校长为组长的领导小组，统筹规划，将国家级创新团队建设项目与学校重大项目相结合。通过建立"三师"(产业导师、技能大师、首席专家)引领、"四段"式(新入职教师、青年骨干、专业带头人、名师强匠)梯队培养机制，以及制定科学的薪酬制度和完善的教师评价与职称评聘机制，学校赋予了团队绩效工资分配权限，实现多劳多得、优绩优酬，激发了团队的积极性和创造力。这些举措推动了学校三级(国家级、市级、校级)创新团队的建设，进一步完善了学校的体制机制。

(二)形成了"岗位领航、能动发展"教学创新团队建设模式

在优化团队建设方案的过程中，结合教师创新团队的内涵和愿景，实施结构化团队建设，融合团队共生单元，形成了以"极致匠心、追求卓越、引领创新"为目标的高水平、结构化的大雁形教学创新团队。通过合理规划教师团队阶段成长目标和专业发展研究方向，实施岗位领航行动计划，建立产教融合、创新团队、教研赛、课程思政、精品课程、社会服务等岗位领航机制，并配套多层次的激励保障机制，激发了团队教师专业成长的积极性，激活了团队成员的潜力和价值实现感，取得了一系列成果。

(三)校企共建养老服务"双师型"教师队伍

针对职业院校养老服务专业教师在"双师型"教师队伍建设上存在的不足，学校以"1+N"校企共建模式建设养老服务教师发展中心，立足校内并面向同类院校共建共享资源，创新引领教学团队建设，取得了显著效果。通过指导教师完善职业生涯发展规划，开展对接新标准、新职业的教学能力提升培训，组织多种形式的教学工作坊，搭建服务社会的平台，促进教师实践能力发展，学校有效提升了教师的专业素养和教学水平，为养老服务专业的双师型教师队伍建设提供了可

行的解决方案。①

(四)国际合作与影响力提升

在国际化方面，学校也取得了重要进展。与马来西亚新纪元大学学院联合设计了养老师资培训项目和留学生培养项目，实施养老核心课程标准的输出。为巴基斯坦拉合尔工程技术大学师生开设中医药专题线上公开课，探索境外职业教育和培训模式。学校还运用最新的智慧健康养老服务与管理专业教学，开发标准化的国际课程，并获得泰国教育部职业教育委员会的权威认证。通过这些努力，学校不仅为养老行业培养了高质量人才，而且以知识创新服务"一带一路"国家，彰显了中国的国际影响力。

六、研 究 展 望

结合新时期教育部对职业教育创新团队和师资队伍的新期待，未来我们还可以进一步开展的研究工作包括：

(一)智慧健康双师品牌研究

在智能化时代，智慧健康技术迅速发展，新职业和新技术层出不穷。面对人力物力紧缺的挑战，未来可以通过人工智能和智慧健康技术提升养老服务的工作效率。因此，加大智慧养老研发和应用，是双师型教师发展的一个重要路径。我们将进一步依托国家智慧教育平台，优化现有的国家级在线开放课程、教学资源库和康养康育平台，紧密对接新标准和新技术，满足更多企业的需求，培养社会所需人才。同时，通过与养老服务共同体院校和合作企业的协作，凝练前期建设成果，打造具有本土职教特色、适应技术革新、培养中国特色学徒的智慧健康双师品牌。

---

① 谈玲芳，陈功.赋能养老服务"双师型"教师队伍刍议[N].中国人口报(理论版)，2022-12-21.

(二)企业兼职教师的成长路径研究

高职教师专业实践教学能力不足一直是制约我国职业教育高质量发展的瓶颈。最近，教育部会同财政部、人力资源和社会保障部、国务院国有资产监督管理委员会，修订印发了《职业学校兼职教师管理办法》，鼓励技术技能人才到职业学校兼职任教，强化职业学校高素质"双师型"教师队伍建设。在我们前期的研究中，发现养老服务企业的骨干员工和技术能手对成长为企业培训师或职业院校"双师型"教师非常感兴趣，但缺乏有效的培养和转化路径。未来，我们将依托学校的国家级"双师型"教师培训基地，开展同步建设与研究，目标是全面培养而不仅限于短期培训。我们致力于将基地打造为服务于养老专业教师和企业兼职教师持续发展的中心。

基于 TPACK 能力框架和三叶草模型的养老服务教师专业发展与职业成长研究

一、引　　言

我国养老服务职业教育起步较晚、规模较小，整体师资能力不足。面对严峻的老龄化挑战和健康养老需求的增长，提升养老服务质量、培养高素质教师已成为当务之急。建设高素质的养老服务教师队伍是加快职业教育现代化的关键。职业教育不仅要提升教师的教学技能，更需要让教师能在行业实践中积累经验，才能更好地培养学生的职业素养和实践技能。我们对全国 50 所职业院校养老服务专业教师开展了调研，发现了"双师型"教师培养过程中的一些问题。分析问题产生的主要原因，一是职业院校专业教师成长缺少规划；二是教师成长速度无法满足快速发展的养老产业需求，包括行业实践和技术更新；三是对教师创造性的劳动缺乏个性化的指导；四是校企合作缺乏可持续发展的机制。①

教师职业发展规划，即结合当前教师所处的职业环境及个人发展预期，确定未来的职业发展方向。养老服务职业教育教师的职业发展规划不仅是个体需求，也是社会发展的需求。因此，有效促进职业教育教师的专业发展和职业成长，是当前教育研究的一个重要课题。

本书通过实证研究北京劳动保障职业学院智慧健康养老服务教学创新团队教师的职业发展，提出运用三叶草规划模型进行个性化评估与辅导，并基于

---

① 谈玲芳，陈功．赋能养老服务"双师型"教师队伍刍议［N］．中国人口报（理论版），2022-12-21.

70

TPACK框架实施精准培训的策略，同时，借鉴国际职业教育成功经验，结合国内实际，探索适应智慧健康养老服务需求的职业发展路径，并提出改进措施和政策建议，以期为该领域教师的职业发展提供理论与实践指导。

二、文 献 回 顾

（一）国外职业教育教师发展经验

美国的教师教育体系经过多年发展，已在职前培养和职后质量提升方面形成完善的体系。1987年，美国成立国家专业教学标准委员会（NBPTS），制定各学科优秀教师的专业标准和评估体系，推动了学生学习和教师专业发展。其出版的《教师应当了解什么以及如何去做》一书中提出了优秀教师的五项核心原则，包括：①致力于学生的发展及其学习；②深谙其所教学科并将学科知识传授给学生；③负责学生学习的管理和监测；④能系统地思考实践并能在经验中学习；⑤是学习共同体的成员，并基于这些核心原则，制定了职业与技术教育优秀教师的专业标准，涵盖学力、能力、领导力和成长力等方面。①

图19展示了美国教师职业发展路径——从预备教师到学校领导者。职业路径包括几个阶段：预备教师（Pre-service Teacher）在培训项目中学习和实践；初级教师（Novice Teacher）开始正式教学，积累经验；专业教师（Professional Teacher）具备一定经验，有较高教学能力和专业素养；国家认证教师（Board-Certified Teacher）通过NBPTS认证，教学能力达到了较高的标准，且需要每五年提交一次专业成长简介（PPG），以证明自身持续的优秀；教师领导者（Teacher Leader）在教学之外，承担更多领导职责，指导其他教师；学校领导者（School Leader）负责学校的整体管理和发展。NBPTS在2015年修订了职业技术教育（CTE）优秀教师专业标准，涵盖八个专业领域，并允许没有学士学位的教师获得CTE认证。新

---

① NBPTS. What Teachers Should Know and Be Able to Do [EB/OL]. [2024-02-14]. https：//www. accomplishedteacher. org/_ files/ugd/0ac8c7 _ 57f43403bdd649949b51d4529d8389dd. pdf.

标准提高了内容知识要求，同时以灵活的认证资格吸引了更多来自不同教育和行业背景的教师。其认证过程注重教师的全面发展，包括档案袋评价、课堂观察和专业成长简介，确保能够全面评估教师的教学能力和专业成长。新标准得到了广泛支持，提升了教师专业能力，为学生提供更高质量的教育，支持他们在未来的职业生涯中取得成功。① 经过几十年的不断努力，NBPTS 不仅吸引了越来越多的优秀教师参与认证，也赢得了相关部门的支持和公众的认可。②

图 19 美国教师教学职业生涯发展路径

德国是全球较早开展教师教育的国家之一，其职业教师的培养路径采用综合模式或双元制模式，由职业学校教师队伍和企业师傅队伍各自进行合理分工并在教育与培训中协调合作，实现自身的专业化发展。职业学校教师需在综合大学或技术大学学习 4 到 5 年，通过两次国家考试并接受继续教育才能获得资格。③ 德国文教部长联席会议(KMK)制定了《教师教育标准：教育科学的视角》和《专业学科和教学论标准》，从教育学科和专业学科两个视角规定了职业教育教师应具备的能力。教师教育标准明确了专业教师的五大任务：专业的教学人员、学生品行的教育者、学生能力的评价者、终身学习者和学校管理的参与者。基于这五大任务，对教师的能力要求包括教学、教育、评价和创新四大领域，共 11 种能力指标，每种能力有其对应的若干条具体能力实施标准，涵盖从师范生大学阶段到见

① NBPTS. Career and Technical Education Standards(Second Edition)[EB/OL]. [2024-02-14]. https://www.nbpts.org/wp-content/uploads/2021/09/EAYA-CTE.pdf.

② 陈德云. 美国 NBPTS 职业技术教育优秀教师专业标准的新发展[J]. 全球教育展望, 2016, 45 (3)：90-99.

③ 李贺伟. 高等职业教育教师专业发展的国际研究——以德国为例[C]//辽宁省高等教育学会 2013 年学术年会暨第四届中青年学者论坛论文摘要集, 2013：40.

习阶段的理论学习和教学实践。①

　　具体来说，在教学方面，教师需掌握教育教学理论，熟悉普通与专业教学法，了解授课方法和作业形式，掌握教学媒体知识和应用技能，并能反思教学实践。在评价方面，教师需熟悉学习理论及课堂教学规律，了解影响学习动机的因素和教学诊断的理论基础。此外，教师需支持多样化学习方式，设计教学过程，增强学生的学习积极性，并采取特定激励手段进行诊断，同时，在了解评价形式及参照体系的基础上，设计评价标准明确的考题，规划学习方向。②

　　《专业学科和教学论标准》包括专业特点、能力概貌、专业科学与专业教学论、学习内容等部分，提出专业课程的内容以一般学科目标概要的形式呈现，学科目标概要描述了新教师通过学习某一学科获得专业知识和能力，并列出了相应学科专业的学习内容和学科教学方法。它对新教师应该掌握的专业能力进行了框架性描述，强调学习内容会因学校和科目不同而产生差异。由于职业教育体系具有较强差异性，对职业教育教师的能力要求应突出对职业现状和复杂多样的组织形式的关注，尤其是在见习阶段，职业教育教师应充分进行教学反思，将教育理论融入教学实践。

　　德国教师职业能力的发展是一个逐步进阶的过程，分为五个主要阶段：新手、进步的初学者、内行的行动者、熟练专业人员、专家（见图20）。每个阶段都有不同的特点和发展重点。现代职业教育对教师提出了更高的要求，不仅要掌握关于工作过程、技术和职业发展的知识并能传授知识，还要将其融入教学情境，制定教学计划、设计课程都要遵循教育论的要求（见图21）。③ 通过系统的培训、实践经验积累和持续的专业发展，教师能够在不同的职业阶段中不断提升自己的能力，最终成为领域内的专家。

────────────────

① 李阳，闫静. 德国职业教育新教师专业教学能力培养分析[J]. 中国职业技术教育，2021(33)：74-81.
② KMK. Standards für die Lehrerbildung：Bildungswissenschaften，2014：7-14.
③ 姜大源. 当代德国职业教育主流教学思想研究[M]. 北京：清华大学出版社，2007：342-343.

图 20 职业能力发展的五个阶段

图 21 职业教育师资的职业行为

(二)国内职业教育教师发展综述

近年来,我国高度重视职业教育教师的发展,并通过一系列政策措施致力于提升教师的专业水平和能力。从 2006 年"十一五"职业院校教师素质提高计划开始,我国每五年制定一次规划和系列提升行动,通过多样化的教师培训项目和企业实践项目,有力促进了职业院校教师素质的提升。2010 年,教育部明确提出要完善教师培养体系,并将授课质量作为重要考核指标。[①] 2012 年,国务院进一步要求提升教师的专业化水平,并推动中青年教师的专业发展。[②] 2017 年,中国教育学会设立了"教师专业发展研究中心",专注于促进教师专业成长。2019 年,职业教育"双师型"教师队伍建设改革实施方案出台,健全了中等和高等职业教育教师培养培训体系,并建立了多层次、多元化的教师培养机制。[③]

尽管我国在职业教育教师培养方面已建立了较为完善的体系,但实际情况仍显示职业教育教师的发展面临不少挑战。谢莉花等人的研究指出,新时代职业教

---

① 国家中长期教育改革和发展规划纲要工作小组办公室. 国家中长期教育改革和发展规划纲要(2010—2020 年)[EB/OL].(2010-07-29)[2024-02-14]. https://www.moe.gov.cn/srcsite/A01/s7048/201007/t20100729_171904.html.

② 国务院. 关于"国务院关于加强教师队伍建设的意见"(国发〔2012〕41 号)[EB/OL].(2012-08-20)[2024-02-14]. https://www.moe.gov.cn/jyb_xxgk/moe_1777/moe_1778/201209/t20120907_141772.html.

育教师队伍的建设需要注重双师"结构+素质"的全面提升，建议借鉴德国经验，从结构和素质两个方面对教师队伍进行系统建设，以应对新时代的需求。① 随着人口老龄化进程的加剧和养老服务需求的快速增长，教育部对职业教育，特别是养老服务职业教育的支持和重视显著增强，政府的政策引导和资金投入为这一领域带来了发展机遇，同时也对教师职业发展规划提出了新的要求和挑战。特别是在智慧健康养老技术的应用和职业规划辅导实践方面，我们需要深入分析其对教育培训的影响和实际需求。

当前，国内职业教育教师的专业发展存在显著不足，主要体现在以下几个方面：首先，教师的职业发展路径单一，缺乏系统的职业规划和发展指导。胡维芳等采用问卷调查了全国 14 个省市 951 名高职教师的专业素质现状，发现高职教师在专业素质发展上的不平衡，普遍存在"重科研、轻实践"的现象，且高职教师的聘用来源单一，往往直接从高校毕业生中招聘，导致教师队伍在专业素质上的差异较大。② 杨爽采用个案分析方法，对 30 位高职青年教师进行深度访谈，探讨其职业目标、职业路径、职业困境、职业成就和职业评价，得出五种职业发展类型：主动建构、积极应对、被动遵循、消极游离和无所作为，指出教师的职业发展状态和质量差异明显，整体水平亟需提升。③

在职业教育教师发展路径研究中，张伟等针对 1+X 证书制度对高职教师专业发展的影响的研究发现，目前高职教师与双师制度要求的标准存在较大差距，教师在教学组织、内容更新、与企业深度合作等方面均存在不足，④ 突出显示了职业教育教师发展规划中存在的问题。⑤ 一些学者对此展开探究并提出职业教育

---

① 谢莉花，陈慧梅. 新时代职业教育教师队伍的双师"结构+素质"建设——基于德国经验[J]. 山西师大学报(社会科学版)，2021，48（2）：105-111.

② 胡维芳，闫智勇，陆菲菲. 高等职业教育教师专业素质现状调查[J]. 职业技术教育，2019，40(11)：59-63.

③ 杨爽. 高职青年教师职业发展观的质性研究[J]. 职教论坛，2020，36(12)：93-103.

④ 张伟，张芳，李玲俐. "1+X"证书制度下职业院校教师专业发展研究[J]. 职教论坛，2020(1)：94-97.

⑤ 聂伟进. "双高计划"背景下高职教师专业发展：机遇、困境与突围[J]. 中国职业技术教育，2021(10)：58-63.

教师发展应注重顶层设计、促进产教融合、提高人才质量、搭建创新平台等策略。①②③

综上所述，国内职业教育教师的发展面临系统的职业规划和指导不足，以及缺乏多元的职业发展支持体系等问题，能否解决这些问题对于全面提升职业教育教师的专业素质和教学能力至关重要。

(三)教师职业规划与职业发展框架

Mishra 和 Koehler 于 2005 年提出了 TPACK(Technological Pedagogical Content Knowledge)框架，强调教师的知识体系中技术(Technology)、教学法(Pedagogy)和内容知识(Content)的积累与有机融合。该框架包括技术知识(TK)、教学法知识(PK)、内容知识(CK)，以及它们的交集，如技术与教学法知识的交集(TPK)、技术与内容知识的交集(TCK)、教学法与内容知识的交集(PCK)，和它们的综合交集(TPACK)(见图 22)。这一框架不仅为理解教师职业能力的全面发展提供了理论依据，而且为高职教师职业能力发展模型的应用提供了清晰的视觉参考，有助于提升教学效果和专业素养。④ 崔宇路进一步扩展了这一理论，研究了智慧教学环境下的 TPDCK(Technological Pedagogical Data Content Knowledge)知识框架，提出教师需要在传统学科教学知识结构中融入教育数据相关知识，形成一种"博约合一"的知识体系。

三叶草模型(Cloverleaf Model)是一种综合的职业规划和职业发展框架，由 Kaye 等提出。该模型强调能力(Competency)、动机(Motivation)和机会(Opportunity)之

① 薛亚平，周杰，李建荣. 提质培优行动计划背景下高职教师专业发展路径探析[J]. 重庆电力高等专科学校学报，2022，27(5)：67-69，78.

② 杨扬."互联网+"背景下高职教师核心素养提升方法研究[J]. 创新创业理论研究与实践，2022，5(20)：61-63.

③ 冯朝军."双高"背景下高职教师科研能力提升的策略研究[J]. 职教发展研究，2022(3)：57-62.

④ Mishra P, Koehler M J. Technological Pedagogical Content Knowledge：A Framework for Teacher Knowledge[J]. Teachers College Record, 2006, 108(6)：1017-1054.

间的平衡和协调(见图23)。① 三叶草模型能帮助教师识别个人教学能力、提升教学动机,并把握教育改革和技术整合带来的机会。通过综合评估教师的兴趣、能力和价值观,该模型为其职业发展提供了个性化的规划方案。模型中三个要素的作用在于:

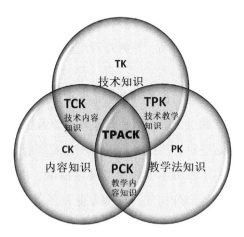

图 22　TPACK 框架及其知识要素

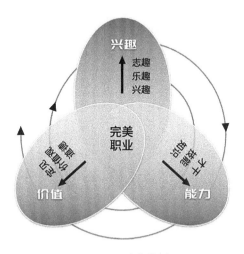

图 23　三叶草模型

① Kaye, B., & Jordan-Evans, S. Your Career Plan[J]. New York, NY: HarperBusiness, 2005, pp. 14-19.

第一，能力的重要性。在职业发展中，能力是成功的基础。能力包括在职业领域内所拥有的知识、技能和经验，是职业成长的核心。不断提升专业技能和通用能力是职业发展的关键，持续的专业发展和学习是增强职业能力的必要条件。

第二，动机的作用。动机在职业发展中起着核心作用，它包括内在动机和外在动机。内在动机如成就感和自我实现感，驱动个体追求专业成长；外在动机如薪酬和职位晋升等，实现外部激励。理解和利用这些动机因素对于提高职业满意度和效率至关重要。

第三，机会的把握。机会的识别和利用是实现职业目标的关键。在变化迅速的职场环境中，机会通常通过网络关系、行业动态以及组织内部的职业发展路径呈现。主动识别和把握这些机会能够显著提升职业发展前景。

国内学者朱旭东提出了教师专业发展的理论模型，由教师专业发展的内涵、层次、基础、机制和环境等部分构成。教师专业发展的内涵包括教会学生学习、育人和服务三个维度。教师专业发展的基础包括教师精神、教师知识、教师能力。教师专业发展的机制就是教师运用经验、反思、证据、数据、概念和理论等条件实现教会学生学习、育人和服务等专业目标的活动过程，也是运用教师精神、教师知识、教师能力等专业基础的活动过程。[1]

我们在研究中综合应用了这些理论框架，构建教师教书、育人、社会服务的良好平台，结合 TPACK 框架和三叶草模型，为教师提供个性化的职业辅导和支持，帮助教师掌握并提升 TPACK 教学实践中应用所需的技术和教学方法、教学专业能力。

三、研 究 方 法

(一)研究对象

本次的研究对象为我校 20 名智慧健康养老服务教学创新团队的教师，涵盖

① 朱旭东. 论教师专业发展的理论模型建构[J]. 教育研究，2014，35(6)：81-90.

人口学、护理学、心理学、法学、管理学、社会保障、营养学、中医学、运动康复学、教育学、外国语言学等专业，涉及公共基础课教师、专业基础课教师、专业核心课教师、实习指导教师。这些教师均具有一定的教育背景和教学经验，其中 14 位教师拥有硕士学位，6 位教师拥有博士学位，且所有教师的教学经验均在 3 年以上。研究前，参与者接受了相关培训，确保他们对研究目的和方法有充分了解。

（二）实施过程

我们设计了包含能力、动机和机会评估的问卷，并对参与教师进行了三叶草模型培训，确保其理解模型的各维度及应用方法。具体步骤如下：

第一，MBTI 测试：对每位教师进行 MBTI 测试，以了解其个性特征、工作风格和职业倾向，为个性化职业发展计划提供心理学依据。

第二，三叶草模型运用：首先通过问卷和访谈初步评估教师的专业能力、教学技能及通用能力。调查教师的内在和外在动机，包括职业成就感、工作满意度和发展期望。收集教师对职业机会的认知，包括行业动态、网络关系和组织内部发展路径。

第三，制订职业发展计划：基于评估结果、MBTI 测试以及 TPACK 框架，为每位教师制定个性化的职业发展计划，包括短期和长期目标、所需资源及具体行动步骤。其中，具体行动步骤是指根据能力框架识别教师的能力差距，并设计相应的培训方案，以提升其专业能力和教学技能，从而确保培训内容与教师的职业发展需求和目标相匹配，有效推动其职业成长。

（三）数据分析

一是总结反馈：归纳教师反馈，识别主要职业发展需求和问题，评估三叶草模型和 MBTI 测试的实际效果。

二是案例分析：选择具有代表性的案例进行详细描述，评估三叶草模型在职业规划中的应用效果及教师的感受和职业成长情况。

四、教师职业发展策略

(一)团队整体规划与岗位领航

在新时代职业教育的背景下，建立一支结构化的"双师型"教学创新团队，是提升教育质量和满足职教需求的关键策略。职业教育的跨界性和复杂性要求我们在团队建设上进行深度规划，以适应多样化的教学需求。

首先，北京劳动保障职业学院建立了"内培外引、三级四段"的教师培养体系。三级包括校级、市级和国家级创新团队培养平台；四段涵盖新入职教师、青年骨干、专业带头人和名师强匠。通过内部培养与外部引进相结合，形成了全面的教师成长路径(见图24)。

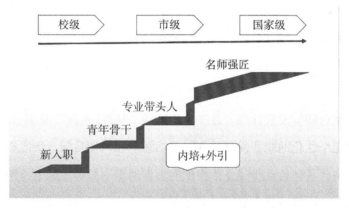

图24 "内培外引、三级四段"的培养体系

在此基础上，我们制定了明确的团队整体规划，以确保个人发展与组织目标高度一致。根据教学团队的工作任务和职业教育的实际需求，设立了六大核心岗位，涵盖了职业教育中的关键领域，包括产教融合、创新团队、教研赛、课程思政、精品课程和社会服务(见图25)。这六大岗位由团队中的核心成员担任，他们将在各自领域中担任领航角色，负责制定工作计划、指导团队成员、推动项目实施，并确保各项任务的高效完成。其他成员将在领航者的指导下，围绕各自的

工作任务，协同合作，共同推动团队目标的实现。通过这种明确的岗位设置和职责分工，团队的协作与创新能力将得到显著提升。

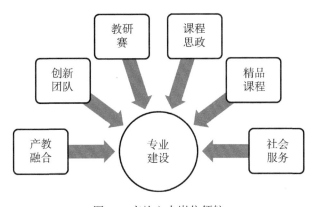

图 25　实施六大岗位领航

领航者需具备丰富的行业经验和卓越的领导能力，以确保各项工作有序推进。支持人员则需发挥其专业特长，保障团队工作的高效运转。这种机制不仅能确保组织目标的实现，还使每位教师能够在个人职业发展中找到最佳定位，从而提升整体团队的工作效率和创新能力。

通过结构化的团队整体规划和明确的岗位设置，我们致力于构建一个高效的教学创新团队。每位成员在选择不同岗位进行专业发展时，都能得到与团队目标相一致的支持和资源，实现个人发展与组织目标的双赢。这种安排不仅促进了教师的个人成长，也推动了团队整体的进步，从而提升了学校的声誉，赢得了家长和社会的认可，并持续提高人才培养的质量(见图 26)。

(二)个性辅导与双师养成档案

为了全面提升团队教师的双师素质，我们制定了个性化成长档案，并依据每位教师的特点实施个性化辅导。此过程还包括对教师兴趣、能力和价值观的系统评估。我们通过问卷调查、面谈等方式详细了解教师的兴趣和能力信息，并根据这些数据为养老服务专业教师设计了量身定制的成长规划，以将个人发展与组织需求相结合。

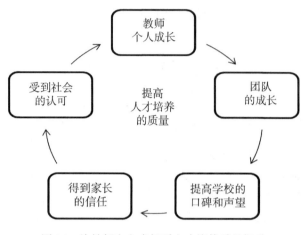

图 26 从教师个人成长到人才培养质量提升

运用"三叶草"模型，我们帮助教师将个人职业兴趣、能力和价值追求整合为一个循环的成长机制：首先将兴趣转化为职业兴趣，再将职业兴趣发展为能力，通过能力实现职业价值，最后用职业价值进一步强化兴趣，从而形成良性互动和螺旋式上升。这一机制不仅有助于个人职业发展的持续推进，还促进了个人与组织目标的双赢。

通过个性化的成长规划，我们能有效指导养老服务专业教师在个人职业发展和组织目标实现之间找到最佳平衡，推动其持续进步和成功。

(三)基于 TPACK 的全程伴随按需培训

为应对养老产业快速发展带来的新需求，支持教师全面发展，我们开发了一套基于 TPACK 框架的培训方案(见表 12)，制定了详细的团队教师个人发展路径，涵盖师德师风建设、专业建设、课程开发、资源开发、实训项目开发和工匠精神六个方面。每位团队成员的培训规划将围绕这些发展方向进行，并确保年培训时长超过 120 学时/人，旨在全面提升教师的综合素质，以适应新职业和新技术的要求。该方案整合了行业资源，通过以下几类培训，确保教师能够高效应对养老服务领域的挑战。

一是德国"双元制"职业教育培训：我们组织教师赴德国参加国家"工匠之

师"创新团队(养老护理专业)培训,以及教育部国际"双元制"职业教育专题在线培训。这些培训提升了教师在技术应用和教学方法上的能力,使其能够掌握和应用前沿的职业教育模式。

二是校外专家培训:每月邀请 1~2 名校外专家为教师团队提供专场培训,内容涵盖产教融合、教学体系设计、模块化课程设计以及校企合作等方面。这些培训提升了教师的教学策略和能力,使其能够更好地结合实际需求进行教学。

三是全国重点建设的职业教育师资培养基地、共同体内的相关培训:参与由全国重点建设职业教育师资培养培训基地办公室主办的培训项目,以及养老服务共同体内部的交流和培训项目。这些项目进一步完善了教师的专业内容知识,更好地确保教学内容的准确性和前瞻性。

四是新技术和新规范培训:我们组织教师学习养老专业领域的最新技术和规范,确保教师的知识体系能够跟上行业发展的步伐,并能够满足实际教学需求。

在培训过程中,我们详细记录每位教师的成长轨迹和需求,结合理论与实践情况来调整培训内容,确保培训项目符合实际需求。通过这些措施,我们不仅提升了教师的理论水平,也增强了其在养老实践中的应用能力,从而提高了职业院校教学的针对性和时效性,培养了既有理论深度又具备实践经验的专业服务人才。

表 12   基于 TPACK 框架的教师培训项目

TPACK 能力领域	培训内容	培训形式	培训目标
技术知识 (TK)	开发新职业(老年人能力评估师、康复辅助技术咨询师、健康照护师)培训项目	课程开发、实训项目	提升教师实对新技术和新职业的掌握
	医养个案管理、老年人整合照护、养老机构社会工作实务等新技术培训	实践应用、案例分析	确保教师在实践中应用最新技术
	智慧健康养老服务技术	课程开发、实训项目	提升教师对新技术的掌握与应用

续表

TPACK 能力领域	培训内容	培训形式	培训目标
教学法知识（PK）	赴德学习双元制人才培养模式	国际培训、在线课程	提升教师实施教学方法和策略的能力
	邀请专家进行产教融合、教学体系设计等培训	讲座、研讨会	增强教师的教学方法和教学设计能力
	线上线下混合式教学方法、策略	在线课程、研讨会	提升教师实施教学方法和策略的能力
内容知识（CK）	学习智慧健康养老专业的新技术、新规范	课程培训、讲座	更新教师的专业知识，保持学科前瞻性
技术与教学法知识的交集（TPK）	线上线下混合式教学应用技术工具（如在线平台、教学软件）	案例分析、研讨式授课	将新技术有效融入教学方法
技术与内容知识的交集（TCK）	智慧健康养老服务技术在养老服务中的应用	课程开发、资源创建	确保技术应用与内容知识的结合
教学法与内容知识的交集（PCK）	线上线下混合式教学中养老服务内容的有效呈现和教学设计	课程设计、资源开发	提高课程质量和教学效果
综合交集（TPACK）	双元制教育、校外专家培训、师资培养培训、行业新技术	全程伴随、按需培训，讲座、培训课程、在线学习、个性化指导	实现技术、教学法与内容知识的有效融合

（四）组织多种形式的教学工作坊与教师企业实践

为了提升教师的教学能力和教学质量，我们积极组织多种形式的教学工作坊，具体措施和实施效果如下：

第一，线上线下结合的"养老护理虚拟教研室"。与同类院校联合开展"养老护理虚拟教研室"工作坊，线上线下结合，研讨专业群建设机制、人才培养模式、课程思政建设方案以及学生实习和见习等具体问题。通过这种形式,我们能够有效整合各院校教师的教学资源,分享经验,激发创新思维。

第二,跨专业、跨课程的教学研究。定期组织名师授课观摩、职教专家教学专题辅导和教学学术交流等活动,推动教师在跨专业和跨课程领域的研究与合作。这些活动不仅丰富了教师的教学方法,还提升了他们的教学能力。

通过这些措施,确保培训内容与实际需求紧密结合,有效推动了教师教学能力提升和教学质量的改进,为养老服务领域培养了高素质的专业人才。同时,我们组织跨专业、跨课程的教学研究活动,给予教师必要的指导和支持,以精准服务于教师个性化教学能力的提升和教学风格的探索。

(五)分类分层开展教师企业实践

企业实践的组织与实施是提升教师教学能力和专业实践技能的重要环节。首先,根据企业需求,我们与企业共同研究确定实践内容、实践时间和形式,采用"集中组织+个人模块"的管理形式,确保团队成员每年完成至少 1 个月的企业实践。这种形式使教师能够深入了解养老服务典型企业的经营管理状况和新技术技能。

通过企业实践,教师将理论知识与实际操作相结合,提升了职业技能和行业理解,进而提高了教学水平。我们选聘全国技术能手、企业高级管理者和技术人员担任产业导师,提供教师培训、学生实践指导和技能大赛辅导,并提供教师进入企业实践岗位和研发养老服务标准的机会,保障专业建设的有效开展。

我们通过多个合作企业,拓展企业实践渠道,有针对性地分类分层指导教师。职业院校与企业共建师资培训基地,根据养老产业的最新发展,组织青年教师在假期进行岗位实践,骨干教师为企业提供合作服务,教学名师为企业提供针对性的指导和培训,全面提升专业实践能力。通过企业实践团队的培育,教师与企业技术人员深度交流,分享不同角度的建议。

教师将企业实践成果转化为教学资源,编写实践案例,研讨核心课程标准和实习实训方法,确保教学内容契合企业岗位需求和产业发展趋势,培养高素质专业人才。

(六)搭建教师社会服务平台

为了提升教师的社会服务能力并推动专业发展,我们通过校企共建的养老服务教师发展中心,建立了一个全面的社会服务平台。在积极的校企合作中,我们对接了行业及企业的发展需求,为教师搭建了包括产业咨询、社会培训和行业标准开发等多功能的服务平台。这一平台使教师能够直接参与行业标准的制定、培训资格标准的编制等工作,从而提升其在社会服务中的参与度和影响力。

具体实践包括组织教师参与了教育部 1+X 医养个案管理职业技能等级证书和 1+X 失智老年人照护职业技能证书的标准开发,编制了 9 项民办培训机构职业(工种)培训资格标准,参与了地方规范的起草,并引领了养老服务实习指南等团体标准的建设。同时,教师还积极参与了市级和区域养老服务机构的星级评定工作。这些实践活动不仅提升了教师的专业技能和服务能力,也扩大了教师在社会服务中的影响力。

通过建立这一社会服务平台,我们成功推动了教师在社会服务中的深度参与,促进了教师个人与行业的共同发展,实现了双赢的效果。

五、典型案例分析

A 老师是我校创新团队建设期间从企业引进的一名技术骨干,现担任护理专业教研室主任,职称为主管护师/讲师,教龄为 3 年。A 老师在来学校之前有 7年的三级医院临床工作经历,虽然具备丰富的临床经验,但教学能力相对薄弱。因此,学校对其进行了重点教学培训。A 老师的成长档案详细记录了其在多个维度的成长目标、路径和成效,展现了其在专业发展和教学实践中的努力和成果(见表13)。

A 老师的 MBTI 类型为 ESFJ,这一类型的人通常外向、注重实际、富有同理心和高度组织性。她信奉"一朝为师,三尺讲台,如切如磋,如琢如磨"这句个人格言,表现出对教育事业的热情和奉献精神。她重视师生互动,注重教学细节和过程的精雕细琢,努力成为学生的良师益友。

在对 A 老师进行个性化辅导的过程中,我们不断探讨和调整计划,综合应用了 TPACK 框架和三叶草模型，重点帮助教师提升 TPACK 教学实践中应用所需的技术、教学方法和专业能力，并给予相应的支持。以下是 A 老师的 6 个维度的成长路径与成效。

1. 师德师风

- 成长目标：成为一名一心为学生的良师益友。
- 成长路径/获得支持：参加主题培训（课程思政、师德师风），学工部、教学办公室等给予日常支持，指导学生参加校级挑战杯大赛。
- 成效：师德考核优秀，获评优秀班主任，并指导学生参加校级挑战杯大赛并获校级一等奖，参赛作品为"康复+"一站租赁康复到家。

2. 专业建设

- 成长目标：领航产教融合岗位，打造产教融合共同体，将护理专业建成具有北京特色的示范性专业。
- 成长路径/获得支持：引进专业教师，充实教师队伍，党政班子访企拓岗，拓展校企合作资源，鼓励并支持各类项目申报和立项。
- 成效：护理专业获批北京市教学创新团队，建立了与多家三级医院的合作关系，并成功申报了基于 COMET 理论的教学改革和课程思政示范项目。

3. 课程建设

- 成长目标：打造富有产教融合特色的精品课程《临床护理综合实训》。
- 成长路径/获得支持：利用主题培训（精品课程、课堂革命）相关成果，校企团队联合开发课程。
- 成效：成功建设了《临床护理综合实训》课程资源，并使课程成为产教融合的典范。

4. 资源开发

- 成长目标：聚焦行业发展，填补市场空白，共建共享高质量教学与社会培训资源。

• 成长路径/获得支持：校内专业教师和企业技术能手共同开发课程，企业提供拍摄场地和技术支持，学校提供专项资金支持。

• 成效：开发了原创《基础护理学》实训手册，联合开发护理专业课程标准和教学案例库。

5. 实训项目开发

• 成长目标：联合合作医院开展真实临床的岗课赛证融通的实训项目。

• 成长路径/获得支持：校内专业教师与合作医院骨干带教老师共同开发项目，学工部联合开展劳动教育。

• 成效：通过校内外实训基地，共同开发了《基础护理学》岗课赛证融通的实训项目。

6. 工匠之师

• 成长目标：成为掌握核心技能的双师型教师。

• 成长路径/获得支持：通过参加各类主题培训和职业培训标准编制项目，A 老师在社会服务平台上积累经验。

• 成效：参与护理员职业培训标准编制，成为校级骨干教师，获校第四届青年教学基本功大赛二等奖，并在社会上开展养老护理员及保育员的培训，考取失智老年照护职业技能等级考评员和美国心脏协会基础生命支持导师(AHA)资格。

A 老师在来学校之前有 7 年的三级医院临床工作经历，具备丰富的临床经验。学校针对其教学能力相对薄弱的问题，进行了系统的教学培训。在短短 3 年的教龄中，通过明确的成长目标、系统的培训路径和多方面的支持，A 老师取得了显著的职业发展。其在师德师风、专业建设、课程建设、资源开发、实训项目开发和成为工匠之师等多个方面均表现优异。同时，A 老师在教学能力大赛中获得国赛三等奖，进一步证明了其教学水平的提升，也展示了学校对教师培养的成功实践。这些成果不仅提升了 A 老师个人的教学和专业能力，也为养老服务领域培养了高素质的专业人才。A 老师的成长档案展示了教师职业发展的典范，对其他教师具有重要的借鉴意义(见表 13)。

表13　　　　　　　　**养老服务教师发展中心双师养成档案**

姓名：A 老师　　　　职称/职务：主管护师/讲师/护理专业教研室主任

教龄：3 年　　　　　企业工作经历：7 年

MBTI：ESFJ　　　　个人格言：一朝为师，三尺讲台，如切如磋，如琢如磨

成长维度	成长目标	成长路径/获得支持	成　效
师德师风	成为一名一心为学生的良师益友	➢ 主题培训（课程思政、师德师风） ➢ 学工部、教学办公室等给予日常支持 ➢ 指导学生参加校级挑战杯大赛	➢ 师德考核优秀 ➢ 优秀班主任 ➢ 指导学生参加校级挑战杯大赛获校级一等奖，参赛作品："康复+"一站租赁 康复到家
专业建设	领航岗位：产教融合践行校企双融共育，打造产教融合共同体，将护理专业建成具有北京特色的示范性专业	➢ 引进专业教师，充实教师队伍 ➢ 党政班子访企拓岗，拓展校企合作资源 ➢ 鼓励支持各类项目申报和立项	➢ 护理专业获批北京市教学创新团队 校级创新团队 ➢ 建立与北京市多家三级医院深入校企合作关系 ➢ 申报校级课题 1 项：基于 COMET 理论的教学改革——以《护理学导论》课程为例 ➢ 申报校级课程思政示范项目改革与实践 1 项：《护理学导论》课程思政建设
课程建设	打造富有产教融合特色的精品课程：《临床护理综合实训》	➢ 主题培训（精品课程、课堂革命） ➢ 校企团队联合开发 ➢ 各类教学培训和竞赛	➢ 建设课程资源《临床护理综合实训》
资源开发	聚焦行业发展，填补市场空白，校企共建共享高质量教学与社会培训资源	➢ 校内专业教师、企业技术能手共同开发，企业提供拍摄场地和技术支持 ➢ 专项支持，学校提供资金支持	➢ 开发了原创实训手册《基础护理学》 ➢ 校企联合开发护理专业各课程的课程标准 ➢ 校企联合开发教学案例库 1 套（100 个案例资源）

续表

成长维度	成长目标	成长路径/获得支持	成 效
实训项目开发	联合各大合作医院开展贴近真实临床的岗课赛证融通的实训项目	➤ 校内专业教师、合作医院骨干带教老师组成开发团队 ➤ 学工部联合开展劳动教育	➤ 通过校内实训基地及合作医院校外实训基地共同开发了《基础护理学》岗课赛证融通的实训项目
工匠之师的培养	掌握核心技能的双师型教师	➤ 主题培训("双师型"教师、养老护理员培训师、母婴护理员培训师、护士执业资格考试培训师、1+X 师资与考评员) ➤ 项目锻炼(职业培训标准编制) ➤ 提供社会服务平台	➤ 参与医院护理员职业培训标准编制 ➤ 校级骨干教师 ➤ 校第四届青年教学基本功大赛二等奖 ➤ 面向社会开展养老护理员及保育员的相关培训 ➤ 考取失智老年照护职业技能等级考评员 ➤ 获取美国心脏协会基础生命支持导师(AHA)资格

六、讨　论

本研究发现，通过基于 TPACK 能力框架和三叶草模型对教师职业发展的辅导和多策略支持，本团队教师在师德师风、专业建设、课程建设、资源开发、实训项目开发和工匠之师的培养六个维度上取得了显著成效。TPACK 和三叶草模型在个性化职业规划和专业能力提升方面的应用具有显著效果，特别是在制定个性化成长路径和提供精准职业发展指导方面，提供了较大的帮助。这些模型帮助教师找到与其兴趣、能力与价值观相契合的发展路径，使其在职业发展中更具方向性和目标性。

A 老师的档案展示了个性化成长规划的重要性。通过科学的规划和系统支持，教师在专业能力和职业成就方面取得了显著提升。然而，实施过程中也面临资源整合、时间管理和个性化需求的平衡等方面的挑战。研究发现，通过系统的职业规划和专业培训，教师在专业知识、教学能力和实践技能等方面得到显著提升。同时，校企合作和资源共享策略也为教师职业发展提供了有力支持。

本研究强调了个性化职业规划和系统培训的重要性，为职业教育教师的发展提供了有效路径和策略，提升教师职业素养和专业能力，具有重要的实际应用价值。个性化成长档案可以作为职业教育机构和政策制定者制定教师发展策略的重要参考。通过校企合作共建的专业领域教师发展平台，赋能养老服务"双师型"教师成长，能够有效增强职业教育的适应性，更好地推动职业化、专业化的高素质技能人才培养，为我国数以亿计的老年人提供更有质量的养老服务。

总结而言，本研究通过详细的案例分析和系统的策略实施，展示了个性化职业成长路径对教师专业发展的积极影响，可以为未来职业教育教师的发展提供有益的经验和参考。

人才培养篇

    人才培养是教育的核心使命，是社会进步与国家发展的重要基石。在当今快速变化的时代背景下，职业教育不仅要传授专业知识，更要培养具备创新思维和实践能力的高素质人才。正如蔡元培所言，"教育者，养成人格之事业也"。职业教育应全面关注学生的成长，既要教授专业技能，还要注重人格塑造和社会责任感的培养。通过完善的人才培养体系，职业教育能够为社会输送源源不断的高技能人才，推动国家的长远发展与繁荣。

"2+3+2"贯通培养模式研究

——以智慧健康养老服务与管理专业为例

　　"2+3+2"贯通培养模式(也称"七年制贯通培养")是北京市教委开展的高端技术技能人才培养实验项目,开展中职、高职与本科教育贯通培养、联合培养改革试点,旨在打通中职、高职教育与应用技术型本科教育的培养渠道,建立合理分流、分类培养、立体衔接、多样选择的培养机制①,以适应产业结构优化升级对高端技术技能人才需求的形势,并提高职业教育人才培养层次,搭建职业教育人才培养的立交桥。

　　北京劳动保障职业学院智慧健康养老服务与管理专业从 2016 年起开始实施贯通培养改革试点,专业设置聚焦养老产业快速发展与数字化转型升级人才需求,培养方案强调整体设计、系统培养和贯通实施。本文分析了该专业实施贯通培养模式的改革情况,评估了贯通培养模式在教育质量、学生就业及行业需求对接方面的成效及挑战。

一、贯通培养是现代职业教育体系建设的重要路径

　　2019 年国务院印发了《国家职业教育改革实施方案》,明确提出职业教育与普通教育是两种不同教育类型,具有同等重要的地位。其中,职业教育人才贯通培养是新时代背景下我国提高职业技能人才规格和层次,培养高质量技术技能人

---

　　① 北京市人民政府. 关于加快发展现代职业教育的实施意见(京政发〔2015〕57 号)〔EB/OL〕.(2015-12-09)〔2024-02-14〕. https：//www. beijing. gov. cn/zhengce/zfwj/zfwj2016/szfwj/201905/t20190522_58781. html.

才队伍的重大举措，也是落实职业教育类型定位的关键一环。① 2022 年修订后的《中华人民共和国职业教育法》第十四条提出，"国家建立健全适应经济社会发展需要，产教深度融合，职业学校和职业培训并重，职业教育与普通教育相互融通，不同层次职业教育有效贯通，服务全民终身学习的现代职业教育体系"。2022 年国务院《关于深化现代职业教育体系建设改革的意见》指出，支持各省开展中职与高职(3+2)五年贯通、中职与职业本科或应用型本科(3+4)七年贯通。贯通培养模式在现代职业教育体系建设中将继续发挥重要作用，是推进职普融通、协调发展，拓展学生成长成才通道的一条重要路径。

根据现代职业教育体系的需求，贯通培养模式可以更好地适应经济和技术发展的新要求，通过提供连续性和系统性的教育路径，确保不同教育阶段实践的有效性和目标的一致性，从而培养出更符合市场需求的具备职业能力和适应性的高技能人才。在积极的政策引导下，中高本衔接的有效策略能够提高教育系统的整体效率，促进技术技能人才的培养。

随着人口老龄化的加剧和科技的快速发展，智慧健康养老服务日益成为社会关注的焦点。2020 年教育部批准了在普通高校设立"养老服务管理、老年学"本科专业②。2021 年修订的《职业教育专业目录》将中职"老年人服务与管理"更名为"智慧健康养老服务"，将高职"老年服务与管理"更名为"智慧健康养老服务与管理"，并新增了相关的职业本科专业如智慧健康养老管理、智慧社区管理、医养照护与管理等③。这些举措对于在智慧健康养老服务领域推进不同层次职业教育纵向贯通模式，培养高素质的养老服务技术技能人才提供了充分的政策支持。

① 王春燕. 我国职业教育中高本衔接现状分析与策略研究[J]. 中国职业技术教育，2016(27)：24-26.
② 教育部. 关于公布 2019 年度普通高等学校本科专业备案和审批结果的通知(教高函〔2020〕2 号)[EB/OL]. (2020-03-03)[2024-02-14]. http://www.moe.gov.cn/srcsite/A08/moe_1034/s4930/202003/t20200303_426853.html.
③ 教育部. 职业教育专业简介(2022 年修订)[EB/OL]. [2024-04-30]. http://www.moe.gov.cn/s78/A07/zcs_ztzl/2017_zt06/17zt06_bznr/bznr_zdzyxxzyml/？eqid=e34ba214000375aa000000066497ebd0.

二、贯通培养方案一体化设计与实施

（一）招生、衔接与管理方式

北京市支持部分职业院校与优质高中、本科高校、国内外企业协作开展高端技术技能人才贯通培养项目，选择对接产业发展的优势专业，开展高等职业教育和本科专业教育(其中本科教育通过专升本转段录取)。我校作为高等职业院校招生，实施"2+3+2"贯通培养模式，主要是面向符合中考升学资格的初中毕业生，前2年在高等职业院校接受基础文化课程教育，中间3年在高等职业院校接受专业课程及职业技能教育，后2年对接市属高校接受本科专业教育(见图27)。三阶段联通并能无缝衔接，学生毕业时可以直接拿到本科学历。

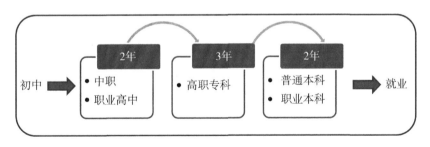

图27 "2+3+2"贯通培养模式的教育路径

此外，由中等职业学校招生的贯通培养项目，实施模式是"3+2+2"贯通培养。前3年在中等专业学校接受基础文化课程和专业基础课程教育，中间2年在市属高校(护理专业为3年)接受高等职业教育，后2年接受本科专业教育。

为了增强贯通培养项目的吸引力，教委给予了该项目灵活的学籍管理方案。学生在第3学年，符合高考报名条件的，可以中等专业学校应届毕业生身份报名参加当年普通高等学校招生考试，被录取者不再保留贯通培养资格。对于高等职业院校招录的学生，完成5年学习任务且成绩合格者可取得高等职业教育毕业证书；完成高等职业教育阶段学习通过专升本转段考试进入本科阶段学习，完成6

至 7 学年学习任务成绩合格者，取得普通高等教育本科层次(专升本)毕业证书。此外，允许学生完成高等职业教育并通过专升本转段考试取得本科学籍后创业，学生可按本科院校相关规定申请休学创业。

这种灵活的方式可以给予学生更多的选择机会，在高中毕业、高职毕业、本科未毕业时都可以自主选择升学或退出贯培项目、直接就业或创业。

(二)一体化的人才培养方案制定

我校作为高职院校，在贯通培养项目试点过程中是责任主体，我们联合高中和本科院校共同设计了一体化的人才培养方案，确保人才培养的连贯性与有效性。在前两年通过引进北京十一学校的高质量课程的方式加强了基础文化课教育，在后两年的本科教育阶段与市属本科高校首都医科大学联合培养。智慧健康养老服务与管理高职专科对接的本科专业是公共事业管理(卫生事业管理方向)。

我们组建了一个由教学管理人员、教研人员和企业专家组成的团队，通过"走出去、请进来"的方式，开展了多层次的行业调研、企业调研、学校调研、学生调研、国际调研等，调研方式包括运用大数据分析、访谈和问卷调查。调研对象包括养老院、医养结合机构、医院等不同类型的企事业单位、行业协会，以及开设相关专业的院校和具有三年以上医养结合行业经验的毕业生。我们召开了专题研讨会，分析国家战略、产业发展趋势、技术变革对人才的需求，明确本专业面向的职业岗位群，全面了解与专业相关的工作流程、工具、方法、操作环境及职业发展路径。在此基础上，我们重点研讨了不同学段在就业导向、岗位任务、所需知识和技能方面的差异，据此确定了各学段课程及教学内容的差异与衔接，最终形成了既统一又分段明确的培养方案。

由于项目改革周期长，在改革过程中，为贯彻落实 2019 年《国家职业教育改革实施方案》、《教育部关于印发〈职业教育专业目录(2021 年)〉的通知》(教职成〔2021〕2 号)中"对照《目录》和专业简介等，全面修(制)订并发布实施相应专业人才培养方案，推进专业升级和数字化改造"的工作要求，我们进一步审视培养方案与社会发展和学生发展需求的契合度，及时修订人才培养方案，深化人才培养模式改革，全力培养德智体美劳全面发展的高素质技术技能人才。

1. 一体化的目标设计

七年制贯通培养的工作,以高端技术技能型人才培养目标为出发点和归宿。2022年教育部发布新版《职业教育专业简介》,将原"就业面向"调整为"职业面向",更加明确本专业对应的职业、岗位群或技术领域。贯通培养模式的职业面向是高端养老机构、医养结合型先进社区和典型居家养老服务企业,以及养老企业管理、医务管理、医养结合照护服务、老年服务需求评估、老年产品营销等工作岗位群。表14显示了贯通培养各学段的职业面向和培养目标。

表14 各学段的职业面向和培养目标

层次	专业	职业面向	培养目标
中职/高中	智慧健康养老服务	面向养老护理员、失智老年人照护员等职业,老年人照护、活动组织以及智慧健康养老产品销售、应用与维护等岗位(群)	能够从事老年人照护、基础护理、活动组织以及智慧健康养老产品应用等工作的技术技能人才
	高中	/	能够掌握高中知识,具备学习能力,为将来专业化发展打下基础
高职	智慧健康养老服务与管理	面向养老护理员、失智老年人照护员、健康照护师、老年人能力评估师等职业,以及老年评估、老年照护、失智老年人照护、医养个案管理、健康养老顾问、养老机构运营与管理等岗位(群)	能够从事老年照护、老年评估、养老机构运营管理、养老服务规划与咨询等工作的高素质技术技能人才
普通本科/职业本科	公共事业管理(卫生事业管理方向)	面向高端养老机构、医养结合型先进社区和典型居家养老服务企业,以及养老企业管理、医务管理、医养结合照护服务、老年服务需求评估、老年产品营销等工作岗位(群)	能够从事养老企业管理、医务管理、老年服务需求评估、老年产品营销等工作的高端技术技能型专门人才
	智慧健康养老管理	面向养老护理员、健康照护师、老年人能力评估师等职业,以及老年评估、养老项目管理、医养个案管理、服务设施管理、适老化环境规划等岗位(群)	能够从事养老评估、智慧适老环境规划、养老服务设施管理、智能服务设施及产品研发、养老培训等工作的高层次技术技能人才

在中职阶段的专业名称是智慧健康养老服务，主要面向养老护理员、失智老年人照护员等职业的初级岗位，包括老年人照护、活动组织以及智慧健康养老产品销售、应用与维护等岗位群。此阶段旨在培养学生掌握老年人照护、基础护理、活动组织等基础的技术技能。

我们的七年制项目，在前两年阶段是高中学段，重点在于让学生掌握高中知识和培养学习能力，为专业化培养打下坚实基础。同时，引入专业基础教育课程和专业认知实践。

进入高职阶段，专业名称是智慧健康养老服务与管理，主要面向养老护理员、失智老年人照护员、健康照护师、老年人能力评估师等职业，老年评估、老年照护、失智老年人照护、医养个案管理、健康养老顾问、养老机构运营与管理等岗位群。此阶段培养能够高效从事养老服务或基层管理的复合型的高素质技术技能人才。

进入本科阶段，培养目标和规格进一步提升。从 2016 年实施贯通培养项目改革开始，我们首先对接的是公共事业管理（卫生事业管理方向）专业。职业面向是养老产业高端机构、先进养老社区和典型居家养老服务企业，以及养老企业管理、医务管理、医养结合照护服务、老年服务需求评估、老年产品营销等工作岗位（群）。培养目标是能够从事养老企业管理、医务管理、老年服务需求评估、老年产品营销等工作的高端技术技能型专门人才。

教育部于 2021 年修订的《职业教育专业目录》新增了与本专业密切相关的职业本科专业，如智慧健康养老管理、智慧社区管理、医养照护与管理等。以智慧健康养老管理本科为例，它更聚焦于养老护理员、健康照护师、老年能力评估师等职业，以及老年评估、养老项目管理、医养个案管理、服务设施管理、适老化环境规划等岗位（群）。培养目标是能够从事养老评估、智慧适老环境规划、养老服务设施管理、智能服务设施及产品研发、养老培训等工作的高层次技术技能人才。

专业的就业去向，也是人才培养适应性的重要体现。我们通过对 51job、BOSS 直聘等主流招聘网站大数据爬虫，以"大专""养老""老人""适老"作为关键词搜索，得到的结果如图 28 所示，表明由于养老服务需求的多样化，衍生了多种多样的岗位和服务，而核心词汇显示，本专业面向的主要职业是养老护理员。

图 28　招聘岗位词云图(来源：北京劳动保障职业学院民生福祉学院 2023 年专业调研报告)

　　2024 年年初，民政部等十二部门联合印发《关于加强养老服务人才队伍建设的意见》指出，以养老护理员为试点，完善养老服务技能人才职业技能等级制度，拓宽职业发展通道。在高级技师等级之上增设特级技师和首席技师技术职务(岗位)，在初级工之下补设学徒工，形成由学徒工、初级工、中级工、高级工、技师、高级技师、特级技师、首席技师构成的新八级工职业技能等级(岗位)序列，旨在培养更多高级别职业技能等级的养老服务技能人才①。

　　我们的"2+3+2"项目各学段，分别对应的是养老护理员职业的初级工、中级工、高级工。在此基础上，从纵向看，新八级工序列赋予了该职业更好的职业上升通道和发展前景；从横向看，可以拓展的就业和服务领域，包括健康照护师、老年人能力评估师、康复辅助技术咨询师、长期照护师等新职业，养老规划、养老顾问、规划咨询、项目管理等新技术，护理、家政、销售、文员、管理等

　　①　民政部、国家发展改革委、教育部、财政部、人力资源和社会保障部、住房城乡建设部、农业农村部、商务部、国家卫生健康委、市场监管总局、税务总局、全国老龄办．关于加强养老服务人才队伍建设的意见［EB/OL］．（2024-01-29）［2024-04-30］．https：//xxgk．mca．gov．cn：8445/gdnps/pc/content．jsp？ mtype=1&id=16620049999979997468．

岗位。

2. 主要专业能力要求

基于企业岗位的能力素质模型,我们从专业能力、通用能力、社会能力和发展能力四个方面对岗位进行了全面分析。专业能力指的是完成典型工作任务所需的技术技能,是专业领域内需要掌握的核心能力;通用能力包括语言、数学、科技、人文与社会、艺术、运动与健康、信息技术等;社会能力包括职业道德、法律法规、安全、环境保护、沟通交流、与人合作、项目管理、跨文化与国际视野公民责任等;发展能力则涉及持续学习、批判性思维、问题解决、创新思维、创业意识等。

根据2022年新版《职业教育专业简介》,从中职到高职再到本科,智慧健康养老服务人才的能力要求呈现出明显的层级递进发展。

一是专业能力要求。中职阶段,要求学生掌握使用智能化工具和产品为老年人提供基本生活照护、健康监测、心理支持等服务的基础性技能。高职阶段,要求学生能全面评估老年人的身心状况,根据评估结果提供针对性的照护服务,并具备管理养老机构等综合应用能力;本科阶段,学生要具备运用智能技术手段进行老年人群精细化评估和个性化服务设计的专业化能力,同时具备养老产品研发、产业规划等高端技能。

二是通用能力要求。各阶段都要求学生需具备良好的语言表达、数学计算、信息技术应用等基础通用技能,包括在各种情境下解决问题、交流沟通、学习创新等能力,为专业能力的发挥提供支撑。本科阶段,学生还需具备人文社会、艺术审美等综合素养,以支持创新性工作的开展。

三是社会能力要求。各阶段都要求学生应具备职业道德、安全防范、环保意识、沟通合作等社会化素质,满足养老服务行业的职业要求。高职阶段,学生还需具备质量意识、信息素养、工匠精神等综合素养。本科阶段,学生还需具备跨文化交流、项目管理等更高层面的社会能力,以应对复杂的行业环境。

四是发展能力要求。各阶段都要求学生应具备持续学习、批判思维、问题解决等基本发展能力,以适应行业的不断变革。高职阶段,学生还需具备探究学习的能力,注重职业发展规划和可持续发展的能力。本科阶段,学生应具备更强的创新创业意识和能力,以引领行业的技术和模式创新。

我们的项目在高中学段,以高中知识教育为主,强化解决问题、交流沟通、学习创新等能力,为将来专业化发展打下基础。同时,培养职业认知、社会实践等综合职业素养。

总之,各学段的人才培养体现了由基础到专业再到创新能力递进发展模式。其中,专业能力的深化、通用素质的提升、社会责任的增强以及发展潜力的培养,共同构建了一个完整的贯通人才培养体系,致力于培养既有扎实专业技能,又具备广阔视野和创新精神的复合型人才。

3. 职业类证书获取

调研显示,企业、院校和毕业生均一致认为获取职业类证书,对本专业毕业生和从业人员在求职、工作以及职业发展中具有一定作用。职业类证书包括职业资格证书、职业技能等级证书(1+X 证书)。表 15 展示了在不同教育阶段(中职/高中、高职、本科)学生可以考取的职业类证书,包括从基础到高级的职业类证书体系。

本专业考取的职业资格证书主要是养老护理员,其次是助理社会工作师、助理经济师等。智慧健康养老相关的职业技能等级证书包括医养个案管理、老年照护、失智老年人照护、老年护理服务需求评估等。从中职/高中、高职到本科,可考取的职业证书种类和等级随着学业层次的提升而增加和提高,反映出培养学生的专业能力和职业资格的逐步提升。这种设置有助于学生在完成各学段学业后,能够具备更高级别的职业资格,从而更好地适应行业需求。

根据我们的贯通培养项目的方案,学生在高职转段升本的考核时采取综合评价的方式,持有职业类证书可获得相应的能力突出项目加分(在总成绩 100 分外,有 10 分的附加分。其中每项职业类证书初级可获得加 2 分、中级可获得加 4 分),这也是鼓励学生重视职业能力发展的一个重要手段。

表 15 各学段职业类证书

培养层次		中职/高中	高 职	本 科
可考取的职业证书	职业技能等级证书	医养个案管理(初级) 老年照护(初级) 失智老年人照护(初级)	医养个案管理(中级) 老年照护(中级) 失智老年人照护(中级)	医养个案管理(高级) 老年照护(高级) 失智老年人照护(高级) 老年护理服务需求评估
	职业资格证书	养老护理员(五级)	养老护理员(四级)	养老护理员(三级) 助理社会工作师

(三)专业建设与课程改革

1. 校企双主体育人推进产教融合

为了深入推进产教融合、校企合作、工学结合,我们建立了"学校+企业"双主体育人模式,与北京市首开寸草、慈爱嘉养老等企业合作,整合教育资源、产业资源,顺应学生成才发展规律,开展校企双主体的人才培养改革的实践探索。

校企合作,对接行业职业能力标准和国家专业教学标准,共同设置了基于企业典型岗位胜任力的模块化的课程体系和教学内容,以便精准契合高品质民生领域需求。

贯通培养模式课程主要包括通识教育和专业技能教育两大类。通识教育包括有关的基础理论、基本知识和基本素养课程。专业技能教育包括支撑学生达到本专业培养目标,掌握相应专业领域知识、能力和素质的课程。表 16 显示了各学段的专业核心课程。在高中阶段,重点是学习语文、数学、英语、化学、物理、生物、历史、地理和政治等基础学科,达到普通高中学业水平;同时,还要学习老龄产业认知和老年健康照护基本技能。高职阶段的核心课程包括老年人能力评估、老年健康照护、老年活动策划与组织、老年心理慰藉、失智老人照护、康复护理、养老机构管理、健康管理、老年辅助器具应用以及智慧适老建筑与环境设计等。本科阶段的课程则更加偏向于管理和高级医疗知识,涉及公共管理学、管理心理学、全科医学概论、卫生统计学、卫生事业管理、卫生信息管理、医院管理学、人力资源管理以及老年病学等。总体上来看，核心课程设置从基础知识到专业技能，再到管理和高级专业知识，呈现出明显的递进和深化。

表16   各学段专业核心课程设置

培养层次	高　　中	高　　职	本　　科
专业核心课程	高中语文、数学、英语、化学、物理、生物、历史、地理、政治 老龄产业认知 老年健康照护	老年人能力评估 老年健康照护 老年活动策划与组织 老年心理慰藉 失智老人照护 康复护理 养老机构管理 健康管理 老年辅助器具应用 智慧适老建筑与环境设计	公共管理学 管理心理学 全科医学概论 卫生统计学 卫生事业管理 卫生信息管理 医院管理学 人力资源管理 老年病学

2. 实施"岗课赛证"融通育人

我们实施了"岗课赛证"融通育人的方式，包括以岗定课、以赛促课、以证融课。

一是以岗定课。根据前述岗位需求，为了将课程教学与职业技能培养紧密结合，我们构建了新的进阶式课程体系，重构了教学内容和考核评价方式，注重培养学生的职业综合素养，从而能更好地满足岗位需求，使得学生的学习效果明显提升，增强了就业竞争力。校企合作开发了模块化课程标准、新形态立体化教材和教学资源，确保教学内容紧跟行业需求。

二是以赛促课。建立了"校赛—市赛—国赛—世界技能大赛"的培养体系。学校定期组织校内养老护理技能大赛，并鼓励学生积极参加各级院校职业技能竞赛或行业技能竞赛。将竞赛成绩与课程成绩相结合，实现以赛促教、以赛促学、以赛促训的良性互动。此外，组织学生参加"互联网+"创新创业大赛、职业规划大赛等活动，将创新创业教育与专业教育相结合，进一步培养学生的创新意识和综合能力，提升其职业发展潜力。接受贯通培养模式的学生在高职阶段的市级技能竞赛、国家级"互联网+"创新创业大赛等比赛中均取得了斐然的成绩。

三是以证融课。对应老年人照护、失智老年人照护、医养个案管理等 X 证书的职业技能等级，将证书要求的知识点、技能点进行全面的梳理和归纳，分析现有课程中所含证书相关知识点、技能点的占比，确定融通课程以及需要补修的内容，将证书取得情况作为课程成绩的重要组成部分。

图 29 展示了我们针对"老年人能力评估师"这一新兴职业，在高职阶段的"老年人能力评估"这门专业核心课程中开展的教学改革。我们实施了"岗课赛证"融通育人的培养体系，紧密对接了该职业的新技术、新标准、新要求。通过将课程教学、职业技能培养和相关职业资格证书考核有机结合，培养出既掌握扎实专业知识、又具备职业操守和创新精神的复合型人才。

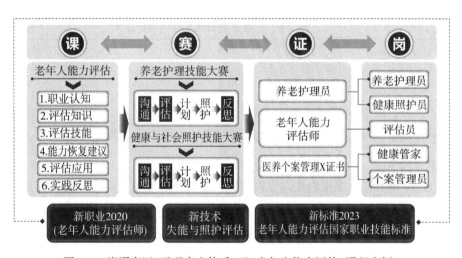

图 29 "岗课赛证"融通育人体系（以"老年人能力评估"课程为例）

3. 开展模块化教学不拘一格

我校主持建设了老年服务与管理专业国家级教学资源库、构建了职教云+学习通+钉钉直播等相结合的线上课程平台，实施线上+线下混合式教学、工学结合的实训教学模式，通过入校后专业认知、现场实训、见习、跟岗、顶岗等实训教学设计，培养符合企业需求的专业技能人才。实施"走班选课"+"一专多能"的培养模式，探索行动导向教学、项目式教学、情景式教学、工作过程导向教学等新教法，将教学做一体化结合。

教学团队定期集体备课、协同教研，分工协作开展模块化教学，形成各具特色的教学风格，如"老年人能力评估"实施"四阶六步成长"教学模式、"老年中医保健养生"实施"评—选—做—判"教学模式、"老年产品营销"实施"涮火锅式"教学模式等，各具特色，有效提升了课堂教学效果。

4. 以思政涵养"三老三心"养老服务人才

落实思政课程与课程思政教学安排，把立德树人作为中心环节，把思想政治工作贯穿教育教学全过程，实现全员育人、全方位育人、全程育人。

聚焦首都民生服务，推动思想政治教育与技术技能培养融合统一，将"劳动光荣、技能宝贵、爱国情怀、工匠精神"融入人才培养全过程。通过校企深度融合，涵养"三老三心"的专业文化，即"养老、敬老、孝老"的职业素养和"善心、热心、爱心"的专业素养，突出养老服务典型岗位示范、高尚师德引导，教师与学生一起制定学习和人生规划并开展知行合一的实践，让学生强化自身品德修养的自觉性，做养老事业的建设者和职业的热爱者。

除(跟)顶岗实习外，组织学生每学期参加为老志愿服务至少3次，如为老年人提供力所能及的健康服务、陪同老年人聊天、为老年人进行健康教育等。学校每月定期组织工匠讲堂，聘请企业技能大师开展行业新技术、新方法培训，培养学生的职业素养和工匠精神。

5. 多元评价体系引领学生全面发展

一方面，通过开展模块化教学，构建了集过程与结果为一体、价值引领与知识传授并重、职业修养与技能提升共存的，基于道德、能力、成长三个维度，学生、教师、第三方(成果认定、可申请免修)三个主体实施的多元课程考核评价体系；另一方面建立了学生学习的增值评价体系，涵盖了对学生的批判性思维能力、合作沟通能力、实践综合素养、反思能力等方面的观察，既考核学生的学习过程，又突出学生的职业能力发展，助力全方位育人。

三、人才培养质量调查研究

在改革试点过程中，我校智慧健康养老服务与管理专业已经有 3 批学生（每年 1 个班级，30~40 人）顺利转段升入本科，均没有退出。第一批完成"2+3+2"的学生于 2023 年 7 月毕业。

为了更深入地了解贯通培养模式产出人才的质量，2024 年初，本研究自行编制了《贯通培养就业及学习情况调查问卷》（见附录二），开展线上问卷调研。问卷涵盖了学生的学习过程感受、参与职业选择的想法、在就业市场的表现及其对行业的适应性等问题。

此外，我们重点对第一批的毕业生进行了深度访谈，对培养过程进行了回顾与思考。同时，我们对同期毕业的普高毕业生、专升本毕业生也做了深度访谈，以横向比较贯通培养模式与传统教育路径产出效果的差异，具体关注这两者在提升学生就业水平、满足行业需求等方面的实际效果。

（一）就业现状

1. 就业行业

根据收集的数据，贯通培养毕业生就业集中在医疗和养老行业，其中 1/3 在医疗行业，1/3 在养老行业，1/3 在其他行业，包括社区或街道等政府职能部门、各类企业。

2. 就业岗位

数据显示，贯通培养毕业生初始就业岗位比较分散。从事医疗行业的主要在各级医院的医务相关岗位，如医务处干事、行政管理、人力资源管理、物业管理、文职等岗位；或医疗技术相关企业的采购员、质检员等岗位。从事养老护理行业的主要在大、中型养老机构承担养老管家、社工、康乐活动、行政管理等岗位的工作(见表17)。其中,在养老企业工作不到1年时间,有3名毕业生顺利升级为基层管理岗,包括康乐活动主管、养老护理质量管理岗、驿站站长助理。此外,还有一部分毕业生担任社区工作者或者其他行业企业的文秘、客服、销售等工作。

表17 贯通培养首届毕业生初始就业岗位

行业/企业	岗 位
医疗卫生	医务处干事、行政管理、人力资源管理、采购员、文职、质检员、物业管理
养老/护理	养老管家、社工、康乐活动、驿站站长助理、行政管理、护理质量管理
政府部门	社区工作者
其他	文秘、客服、销售、演员

3. 薪资水平

约70%就业者的月收入在5001~8000元,有15%选择其他行业的就业者收入水平在8000元以上,有15%的月收入在4000~5000元。通过访问,我们了解到,已工作2~3年的养老服务行业同龄人,月收入多数在4000~5000元。因此,贯通培养毕业生的整体薪资水平较高,在就业起点上优于同行业的其他同龄人。

4. 就业满意度

七成以上的就业者对现在的工作岗位表示满意。回答就业满意者,均表示工作与个人生活的平衡处于中等压力状态。

5. 专业匹配度

六成以上的就业者认为所学专业与当前工作岗位的匹配程度较好。并且,在访谈中发现,对现在的工作岗位表示满意者,基本上认为所学即能用。个别毕业生由于个人兴趣爱好而跨行业从事了高薪职业如演员。部分在医疗行业的毕业生, 从事的是非医疗技术或专业技术岗位, 而是相关的文秘、客服、物业管理等岗位, 这部分毕业生认为虽然现在的工作岗位没有直接用上所学知识和技能, 还是有潜在应用的可能。

(二)职业发展规划

1. 近期发展规划

半数以上就业者正在准备考取职业资格证书(如助理社会工作师)或初级职称(如初级经济师)等。未准备晋升或晋级考试的就业者, 也普遍认识到接受继续教育与学习的重要性, 如从事文职工作的毕业生正在加强办公自动化、信息化软件的学习与使用, 从事医药行业的毕业生业余自学药理知识等。个别同学正在全身心准备考研或者出国留学深造。

2. 中长期发展规划

约半数同学有考研、考公务员或考编制的打算, 部分已经着手准备。大多数同学认为学历的提升和事业编制对自己未来工作发展是有帮助的。70%以上的毕业生称有兴趣继续在卫生管理或养老服务领域深造。通过深度访谈发现, 绝大多数毕业生认为养老产业是朝阳产业, 对养老行业具有信心, 认为在养老产业领域积累工作经验和继续深造对自己未来的发展更具有帮助。

(三)对各学段的意见和建议

1. 对高中学段的课程满意度

毕业生普遍对高中学段的学习过程非常满意。他们认为, 走班制自主选课、导师制辅导、多样化的实践课程等教学改革方式让他们很享受理论与实践相结合的学习过程; 此外, 没有高考的压力, 是让他们感觉轻松愉快的重要因素。此阶段的学生能愉快地规划自己的学习和职业发展。

2. 对高职学段的课程满意度

毕业生普遍对专科学段的课程很满意。他们认为, 专科阶段学习的老年人能力评估、健康照护、中医养生保健、健康管理等核心课程，以及在学校参加的各种实践和丰富的活动经历，对他们现在或未来的工作有显著帮助。不过，也有学生建议专科阶段可以考虑增加集中实习(目前我们贯培班的企业实践分别安排在每学期的实践周，而普通高职班安排的是 6 个月的集中实习)。

3. 对本科学段的课程满意度

毕业生认为，本科学段的医院管理学、卫生事业管理、卫生经济学、卫生统计学等课程对现在和未来有实际帮助。本科阶段虽然侧重于理论知识，但是安排了学生在养老院和医院各实习 20 周，让学生获得充分的医疗、养老工作的实践机会。有的学生建议本科阶段可以开设更多与医养结合行业接轨的培训课程或案例分析，并希望毕业前由学校组织参加初级职称考试或助理社会工作师证书考试等，以增强就业竞争力。

4. 专科与本科衔接方面的满意度

多数学生对于顺利转段升本表示满意，同时也表示升本后感受到了挑战。原因是他们普遍认为本科阶段的集中授课强度高、理论考核标准高，比专科阶段压力更大(专科阶段注重过程考核、实操考核，理论知识要求不严)。这种压力在部分同学那里转化成积极的内驱力，见贤思齐、迎接挑战，努力适应了新环境与新要求。少数同学表示学习有些吃力，但是通过下苦功夫，也能逐渐适应和胜任。个别同学抱有消极应付心态，学业上有起伏，最终还是在各方积极推动下顺利完成转段与毕业。

本研究对部分毕业生做了深度访谈，主要的回答详见毕业生访谈 1~5。

毕业生访谈 1：某医疗器械公司质检员

专科阶段的实践机会更多。课堂上经常有头脑风暴的活动、小组活动、小组汇报等，帮助我们进入情境、拓宽思路。课后有志愿服务、数智圈等各种活动，非常好。学过的解剖生理基础、疾病预防、辅具适配、适老化设计、老年产品营销等课程都很有用(对现在的工作而言)。

本科阶段的课程比较难，专业知识很难、课程考核标准也挺高。相较专科阶段，得下苦功去学，课后老师留的题目需要使劲儿琢磨。学过的医院管理学、卫生信息管理等课程都很有用(对现在的工作而言)。

对现在的工作很满意，为了更好地完成现在的工作岗位职责，正在自学药学相关知识，以及办公软件应用技巧。另外，自己还在备考助理社会工作师资格证书，为将来多做准备。

毕业生访谈2：某养老集团康乐活动专员

专科阶段的学习很快乐，实践和活动都很多。老师与同学很亲密，能随时答疑解惑。专科阶段组织的讲座让我更加了解养老行业的发展以及工作内容，加深对专业的认识。在多次参加社会培训的过程中接触老人，也提升了自己的职业素养，更加了解服务群体的需求，明确自己是否适合在养老行业中发展。希望增加更多的企业实践(受疫情影响、养老院封闭管理，他们这一届学生减少了现场实践机会)。

对于能顺利转段升本，很满意。进入本科阶段后，感觉专升本学生与普通本科生有差距(自学能力、学术研究能力)，这种差距变成一种内驱力，激发自己更努力(毕竟自己没有经历过高考的压力，应该更加珍惜专升本的学习机会)。本科阶段的课程比较难、课堂讲授进度很快，课后需要大量时间查阅文献、做作业。首医的平台很好，医疗相关资源很雄厚，感觉受益不少并增长了见识。

对现在的工作比较满意，觉得自己很快能适应并胜任。在工作中，明显感到自己(本科毕业生)与专科毕业生相比，看待问题的视野更广阔、见解更深刻。

毕业生访谈3：某医药行业协会文职员工

在专科学习阶段，从日常的课堂学习到专业技能证书的考取，有效提高了职业素养。此外，我们还参加了学校组织的国庆七十周年志愿者活动以及社区机构的志愿者活动，这些经历让我们收获良多。尽管由于疫情原因而无法参加国家养老服务技能大赛，但我们在校内选拔练兵中也获得了专业技能成长。专科毕业后我前往养老驿站和养老院参观学习并担任志愿者时，发现了劳职作为养老的龙头院校，无论是实训室设备还是老师曾经指导的教学任务在许多场景中都能发挥作用，如电动轮椅使用、适老化家具配置等。有些养老院和驿站由于资金等原因并未配备这些设备，但我们在参观时发现，一旦使用这些设备，老人们的生活质量将会得到提高。

本科学习阶段更多地接触理论学习，在专业技能的实践上没有专科学习阶段那么广泛，主要是理论课程的学习，这也为我们的理论学习打下了坚实的基础，使我们能够在专业领域中发光发热。

在找工作的阶段，我们起初可能会感到迷茫，不知道应该从事哪个领域的岗位。我曾尝试过在养老驿站工作，也在医学杂志社从事人力资源工作。在面试中，我发现在专科学习阶段所掌握的知识非常有用，可以给面试官留下足够专业的初步印象。这在找工作时非常重要。

目前，我对自己从事的工作非常满意。这个岗位让我能够在医药卫生领域进一步发展，无论是继续从事养老行业，还是转行其他行业，都为我打下了良好的基础。

在实际工作中，我意识到我们与普通专科生和传统路径的本科生都有很大的不同之处。与专科生相比，我们的眼界范围和理论水平都更高一些。与学科型的本科生相比，我们可能没有参与过那么多的研究课题和科研项目，但我们在专科学习阶段打下的牢固技能基础和专业素养，是那些仅进行理论学习的本科生所无法比拟的。正是凭借更专业的素养，我才能在与其他人的竞争中脱颖而出，获得现在的工作岗位。

毕业生访谈4：某三级医院医政管理员

初中做义工时与老人接触很多，萌生了从事养老方面工作的想法。毕业时选择了我校的养老专业，选择了贯通培养项目。还有个重要原因是不想参与高考(压力太大、太卷)。现在回想起来，当时的选择对我个人来说是很正确的。

在贯通培养七年的学习中，各学段衔接很顺利，压力较小。高中阶段最快乐，实施走班制、可以自主选课，有丰富的课内课外实践活动，基本上没有淘汰率。与同龄人相比，没有了高考的压力，感觉很难得。学习生活有张有弛，可以轻松地规划未来。高职学习的实践类课程对我现在的工作都很有帮助，也为我未来从事养老相关工作做好了铺垫。本科阶段学习的医院管理学、预防医学等课程，对我现在从事的工作提供了理论支撑。

就业方面，我通过校园招聘顺利进入了三级医院，目前主要从事医政管理工作。不过，我个人的发展目标是逐步转向医养结合相关的养老服务领域。随着老年友好医院的兴起，我在高职所学的养老知识和实践经验可以派上用场。未来养老服务是国家重点发展的领域，也为我今后的职业发展提供新的机会。

毕业生访谈5：某养老社区养老管家

专科阶段学习的课程对现在的岗位还是很有用处。本科阶段在校参加的活动以及所获得的奖项对择业有所帮助，学习的知识对就业也有帮助。

择业期间，我通过学校推荐的企业宣传图片，联系并获得了现在的工作。我对目前的工作很满意。入职以后，单位安排我先在文娱活动、社工、行政、后台运行保障岗位各轮转了2周，让我对机构的企业文化、团队合作、业务流程等都有了深入了解。定位在养老管家岗位以后，我的主要职责是每天访问社区内的老人，了解他们的生活状况，解决他们遇到的问题；还需与其他服务人员合作，确保能提供高质量的服务。虽然工作辛苦、岗位职责多、服务质量要求高，但能得到社区长辈的认可，感到很幸福。目前，自己还在加强业务知识的学习。未来，希望能继续提升自己的专业能力，并在养老行业中得到更好的发展。

（四）与传统教育路径的差异

在我们传统教育路径的高职普通班，其中学习成绩综合排名在前15%的学生，可以通过专升本途径到北京某普通本科院校学习，智慧健康养老服务与管理专业对接的本科专业是工商管理。为了比较贯通培养与普通路径的差异，我们调研了我校智慧健康养老服务与管理专业专升本的学习和就业情况。

工商管理（专升本，2年）专业的培养目标是：具备扎实的企业管理理论素养、一定的经济学和互联网技术知识以及较高的信息技术应用水平的复合应用型人才。专业课程包括市场营销基础实验、运营管理、财务管理、应用统计学、企业战略管理、管理决策模拟训练、ERP 系统应用实训、工商管理综合实习(5 周)等。毕业生的就业方向主要集中于市场营销、人力资源管理、互联网运营管理、战略管理、金融管理等行业,也有部分同学通过相关考试进入政府机构或事业单位从事管理工作。

我们对毕业生和在读生进行了深度访谈,主要发现以下问题:

其一,是专科到本科的学科跨度挑战。学生们在从专科转向本科学习时,面临学习内容的巨大转变。原先专注于养老服务的课程转变为涉及经济学、管理学等更广泛的商业管理课程。这种学科间的跨度导致了学生在知识适应和技能转换方面存在困难。虽然培养目标是造就具备多方面知识的复合型人才,实际上学生感觉在短时间内难以深入掌握新的专业知识,特别是在只有一年多时间进行专业学习的情况下。

其二,是就业前景与市场需求的匹配问题。专升本毕业生面临的主要问题是他们的专业技能与市场需求之间存在不匹配的情况。尽管他们通过专升本获得了更高的学历,但这种学历提升并未直接转化为更好的就业机会。许多毕业生发现自己难以在竞争较激烈的工商管理领域找到合适的职位,尤其是高级管理职位。此外,由于专升本的学生在本科阶段缺乏充足的实践和实习机会,这进一步限制了他们的就业选择。

其三,对养老行业的回归与职业发展的困境。能够进入专升本的学生,都是专科阶段养老专业的佼佼者。而学生在接受工商管理教育后,发现自己对原专业的养老服务的理解和准备更充分,而对于新的管理课程则感觉学习不够深入,导致在就业市场上难以找到匹配的高层管理职位。虽然原本从事养老服务的学生有机会通过提高学历获得更好的职业发展,但现实情况是,即使回到养老行业,他们也难以直接获取管理岗位。这导致了一种认知上的落差,即感觉多学两年的本科教育并未带来预期的职业提升。

我们对往届的毕业生调研发现,本科毕业后很少有人从事养老行业。而近 2 年的毕业生则还在犹豫,是否选择从事养老行业。针对这些问题,我们在访谈时,也帮助学生理解不同行业的就业市场,并提供针对性的就业指导和职业规划。随着国家对养老服务行业重视程度的提升，养老行业对于管理和技术人才的需求在增加。这可能为具备工商管理背景的毕业生提供了新的职业发展机会，尤其是在养老机构的管理层面。

四、贯通培养模式效果分析

在现代职业教育体系中，贯通培养方案通过设定系统化的教育路径，实现从高中/中职、高职教育到本科教育的无缝衔接，旨在提高教育效率并培养高素质的技术技能人才。本研究回顾了智慧健康养老服务与管理专业的贯通培养方案一体化设计、专业建设与课程改革的实施，并基于对人才培养质量现状的调查研究，发现该模式在培养理论知识与实践能力相结合的专业人才方面显示出明显的效果与优势。

（一）主要优势

1. 教育质量与学生满意度提升

贯通培养模式减轻了学业中断的风险，为学生提供了从高中到本科阶段的顺利过渡。通过模块化的课程设计，优化教育资源配置，确保了教学内容的针对性与适宜性，提高了教学效率。此外，智慧健康养老专业的学生能够从基础照护服务技能逐步过渡到高级管理和技术应用，保证了知识的连续性发展。王勇等人的研究也表明，产教融合在中高本贯通人才培养中的实践，特别是在实训和实习环节的应用，能够有效提升学生的职业技能，帮助他们做好就业准备[①]。

2. 就业适应性强

院校与医养结合、养老服务行业紧密合作，确保课程内容与实际工作需求的对接，特别是在应对快速变化人口老龄化问题上，对接了新职业、新技术的发

---

① 王勇，王振．中高本贯通培养的产教融合进路与优化研究[J]．北京财贸职业学院学报，2024，40（1）：54-57．

展。贯通培养模式的毕业生就业率高，更能迅速适应工作环境，并在不久后晋升为管理岗位。

3. 职业发展前景光明

大多数毕业生显示出强烈的专业发展意愿，计划考取职业资格证书或进一步加强持续学习或接受继续教育，如报考研究生或留学，表明学生具备较强的职业规划能力。

(二) 存在的挑战

1. 教学方法与评价标准的差异

不同教育阶段的教学方法和评价标准可能导致学生在适应初期面临困难。目前主要发现对接的普通本科院校的评价标准与高职阶段存在差异。高职院校与本科院校之间也可能存在信息共享与沟通的响应不及时等问题，影响了教育的连续性和质量。因此，需要加强校际合作，建立定期沟通机制，如通过联合教学研讨会共同讨论教学目标、教学方法、评价方法等，以及通过校企合作在实训和实习环节增强学生的职业技能。

2. 学习动力问题

从过去的实践来看，绝大多数的学生能顺利进入高职和本科阶段，客观上贯通形成了人才培养的保险箱效应[1]，即学生进入贯通通道后，会顺利地实现升学。但如果生源质量差距较大，一部分学生表现出学习懈怠或继续学习的能力很弱的状态，将会影响贯通模式的培养质量。上下游学校之间是何种关系也决定着联合举办的贯通实践质量的高低。下一步，需要采取教育质量控制措施，建立预警机制并能切实解决问题。例如，实施评估与反馈机制，通过定期的学生和教师问卷调查、教学评估报告以及校际会议来监控和调整教育策略，确保教育质量的

---

① 刘磊. 我国职业教育贯通培养的实践审思[J]. 苏州大学学报(教育科学版)，2023，11 (2)：71-79.

持续改进。

企业访谈1：某养老企业培训师

今天是我第一次进入北京劳动保障职业学院参加现场培训并进行参观。在(之前的)工作中我多次接触到贵院毕业的照护工作者(特别提到我们贯通培养的某毕业生)，他们特别优秀，对养老工作都有着较强的知识储备，且对于深挖养老工作有着十分执着的精神。当我参加贵院组织的培训，参观了护理、养老、家政等实训教室后，我突然理解了他们(毕业生)为什么这么优秀。针对还未进入社会、未踏入养老行业的学生，学院将最好的师资、环境、设备均已备齐，这些条件其实很难单独在某一家养老机构中全部看到。这也是促使培养的学生进入行业后大放光彩的原因。

同理，针对机构中的照护者的培训工作，所要考虑的培训内容不仅仅是企业文化、实操要点等，关于养老行业的新物、新事均可以成为培训的内容。因为足够开阔的眼界，也能促进照护人员的素养提升。当一线照护人员的视野打开，她所能做的不仅仅是为老人提供服务，而是通过她所见所知所学的知识与实践经验储备，让她在工作中能发现问题，预防问题，规避风险，甚至主动思考如何改进工作等。

企业访谈2：用人单位访谈——某养老企业管家部主管

本养老社区拥有2000多名居民，对管家部门的建设非常重视。目前，我们有100多位管家，其中一半是专科毕业生，另一半具有本科及以上学历。××(指我校毕业生)是一位优秀的本科毕业生，已进入本企业的管培生培养计划。管培生是我们企业重要的人才发展项目，享有持续的培养、资源倾斜、跟踪评价和管理。在管家岗位中，管培生比例为1/10。××入职后迅速适应岗位并胜任工作，相较其他员工，他的职业素养更好，理解能力和逻辑思维能力也很强。他的持续学习能力突出，与多种类型老人的沟通能力进步显著，解决复杂问题的能力也在不断提升。××有清晰的职业规划，在同龄人中表现非常出色。

五、展望

尽管存在一些挑战，贯通培养模式在智慧健康养老服务与管理专业中仍显示出其培养高质量专业人才的潜力，尤其是在培养高质量、适应性专业人才方面，这与李坤宏、石玉峰等人的研究是一致的[1][2]。这种模式的重要意义在于，养老服务人才的培养得到了政策支持和体系扩展。

在 2021 年修订的《职业教育专业目录》中，教育部新增了智慧健康养老管理、智慧社区管理、医养照护与管理等职业本科专业，进一步扩展了职业教育体系。这种政策支持不仅提升了职业教育的框架和质量，还具体地推动了智慧健康养老领域的教育发展。通过职业本科教育层次的引入，学生能够接触到更多关于智慧技术应用、高级管理策略和创新服务模式的知识，这些都是当代养老服务行业急需的高级技能。职业本科专业的设置将促进教育内容的持续更新和优化，确保教育培训与国际标准和行业前沿技术同步，不仅提升教育的前瞻性和应用性，而且为高职智慧健康养老服务与管理专业的贯通发展提供了更加精准衔接的渠道。

2024 年年初，民政部等十二部门联合印发《关于加强养老服务人才队伍建设的意见》，指出以养老护理员为试点，完善养老服务技能人才职业技能等级制度，拓宽职业发展通道。在《养老护理员国家职业技能标准（2019 年版）》设置的 5 个职业技能等级基础上，支持具备条件的养老服务企业结合实际增设特级技师和首席技师，在初级工之下补设学徒工，形成由学徒工、初级工、中级工、高级工、技师、高级技师、特级技师、首席技师构成的新八级工职业技能等级（岗位）序列，培养更多高级别职业技能等级的养老服务技能人才[3]。我们的"2+3+2"项目各学段，分别对应的是养老护理员职业的初级工、中级工、高级工。在此基础

① 李坤宏．类型教育视域下职业教育人才贯通培养的原则、问题及路径[J]．教育与职业，2022（2）：13-20.

② 石玉峰．人力资源管理专业中高本一体化人才培养模式研究[J]．职业教育，2023，22（28）：7-12.

③ 李坤宏．类型教育视域下职业教育人才贯通培养的原则、问题及路径[J]．教育与职业，2022（2）：13-20.

上，从纵向来看，养老护理员职业等级的增加赋予了该职业更好的职业上升通道和发展前景；从横向来看，人社部发布的新职业包括健康照护师、老年人能力评估师、康复辅助技术咨询师、长期照护师，以及行业内的关于养老规划、养老顾问、规划咨询、项目管理等新技术，护理、家政、销售、文员、管理等岗位，拓展了养老服务贯通培养人才的就业和服务领域。在养老服务教育政策和行业发展形势持续向好的背景下，我们将持续改进完善贯通培养模式，提升学生的专业能力和就业竞争力，以更好地满足市场对高素质技术技能人才的需求。

养老服务专业人才的职业认同研究

在当前我国人口老龄化的加速发展过程中，养老服务需求快速增长，但专业人员流失和企业用工荒的矛盾日益突出。高职院校在积极应对人口老龄化加速的社会问题中，着力重点建设老年服务与管理专业①，然而现实问题是该专业招生困难、毕业生转行的情况较为突出。为此需要深入了解养老服务专业人才对于养老服务职业的认同现状，并基于此来寻找可以干预的途径和方法，培养适应能力强的专业人才，并形成稳定的人才队伍。

职业认同是个体在长期从事某职业活动中，对职业的性质、内容、社会价值和个人意义等方面的熟悉和认可，是推动个人努力达成组织目标的心理基础，同时，它也是自我意识在职业领域逐渐成熟的过程。尽管国内职业研究领域的学者对职业认同问题给予了高度关注并取得了一些本土化研究成果②③④，但养老服务职业领域的相关研究仍相对缺乏。本书对北京市养老服务专业人才的职业认同现状和影响因素开展了调查研究，以期为促进养老服务专业人才队伍的建设提供一定的参考依据。

---

① 根据《职业教育专业目录（2021年）》，老年服务与管理专业更名为智慧健康养老服务与管理专业。

② 刘秋颖，苏彦捷. 初次就业个体的职业认同获得及其相关因素[J]. 北京大学学报（自然科学版），2007（2）：257-264.

③ 袁丽丽. 大学生职业同一性的测量及干预研究[D]. 南京：南京师范大学，2008.

④ 李珺. 老年社会工作者职业认同影响因素及应对策略[J]. 新西部（理论版），2016（3）：9-10.

一、研究对象与方法

以北京市较早开办老年服务与管理专业的某高职院校就读过的学生为研究对象，包括在校生和毕业生。

根据 Kremer & Hofman 编制的职业认同方面的普适性量表，并加入与养老服务职业相关的主要问题，自行编制《养老服务专业人才职业认同调查问卷》，经由专家审定和预调查，调整问卷条目，形成问卷终稿。问卷内容包括个人、家庭、就学、学业等基本情况和职业认同量表两部分。职业认同量表包含 17 个条目，使用 Likert 5 级计分，每个条目得分在 1~5 分之间，总分在 17~85 分之间，分数越高表示职业认同水平越高。职业认同得分<34 为不认同，35~50 分为低认同，51~68 分为中等认同，>69 分为高度认同。

结合养老服务相关和具体岗位特点，该调查还分别对历届毕业生和在校生开展了多次半结构性访谈。应用 SPSS24.0 软件包对调查数据进行统计分析，统计方法有描述分析、t 检验和方差分析。以 $P<0.05$ 为差异，具有统计学意义。

二、研究结果

(一)基本情况

本次调查采用整群调查，对某高职院校就读过的全体学生发放问卷，采用无记名的方式进行，调查员对填写进行了充分说明。回收北京生源的有效问卷 224 份，其中在校生的问卷回收率为 87.8%，毕业生的问卷回收率为 54.0%。其中男性 75 人(33.5%)、女性 149 人(66.5%)；18~19 岁年龄组 73 人(32.6%)、20~23 岁年龄组 115 人(51.3%)、24 岁以上年龄组 36 人(16.1%)；来自城区 105 人(46.9%)、农村 119 人(53.1%)；独生子女 145 人(64.7%)、非独生子女 79 人(35.3%)；毕业生 95 人(42.4%)、在校生 129 人(57.6%)。数据分析结果显示，调查问卷的信度较好(Cronbach's α = 0.944)①。

(二)职业认同总体现状

养老服务专业人才的职业认同得分平均为 61.4±14.4 分，处于中等认同水平。其中，处于高认同水平者 73 人(32.6%)，中等认同水平者 105 人(46.9%)，低认同水平者 38 人(17.0%)，不认同水平者 8 人(3.51%)(见图 30)。

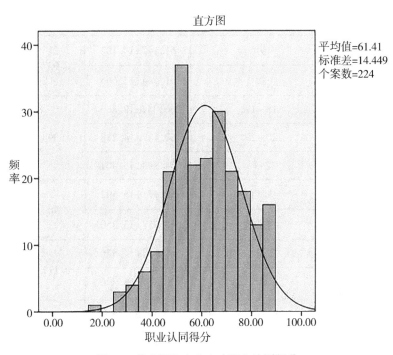

图 30 养老服务专业人才职业认同得分

(三)职业认同影响因素分析

采用 *t* 检验或方差分析对不同类型的养老服务专业人才职业认同得分的差异进行分析，结果显示，不同年龄组、是否在校、父亲的职业、入学前填报本专业

---

① 郑亚楠，胡雯，龚茜. 免费医学生职业认同问卷的编制与信效度检验[J]. 现代预防医学，2018，45(21)：39.

的原因、是否有班干部经历、学习成绩、教师工作态度、当前养老护理员的工资水平、职业的社会地位、职业的社会要求、专业的紧缺程度、受人尊敬程度等指标之间，职业认同得分差异具有统计学意义（$P<0.05$）。不同性别、家庭居住地（城市或农村）、是否为独生子女、家庭人均月收入等指标之间，职业认同差异无统计学意义（见表18）。

表18　　　　　不同类型老年服务与管理人才职业认同得分差异

指　标	变　量	平　均　值	t/F 值	P 值
性别	男	61.147±14.102	0.037	0.847
	女	61.544±14.665		
年龄	18~19	66.054±12.866	8.095	0.000
	20~23	60.487±14.218		
	24+	54.944±15.501		
家庭居住地在	城市	59.771±15.502	2.562	0.111
	农村	62.857±13.350		
独生子女	是	61.648±14.575	0.111	0.740
	否	60.975±14.296		
毕业或在校	毕业	57.705±15.523	11.353	0.001
	在校	64.140±13.002		
父亲的职业	务农	63.176±12.474	2.286	0.047
	工人	58.512±15.686		
	企业员工	65.195±14.050		
	机关工作	51.546±17.224		
	自由职业	60.140±14.502		
	无业	61.583±16.082		

续表

指　　标	变　　量	平　均　值	t/F 值	P 值
家庭人均月收入	<1500 元/月/人	64.205±14.289	2.254	0.064
	1500~3500 元/月/人	63.156±12.588		
	3500~6000 元/月/人	58.529±15.066		
	6000~10000 元/月/人	56.500±16.050		
	>10000 元/月/人	65.000±16.523		
填报专业的原因	父母的意见	61.792±17.580	5.838	0.000
	亲戚朋友推荐	63.143±13.247		
	老师推荐	62.667±14.245		
	好找工作	53.308±14.448		
	看好专业有发展	62.427±13.694		
	自己喜欢	69.829±9.310		
	其他	52.306±13.099		
班干部经历	有	63.444±14.855	4.757	0.030
	无	59.266±13.751		
学习成绩	优秀	65.105±15.164	5.449	0.005
	良好	62.534±13.478		
	一般	56.182±15.058		
教师工作态度	非常积极	64.324±14.030	10.525	0.000
	比较积极	58.673±12.309		
	一般	52.367±15.564		
养老护理工资水平	非常高	71.222±15.114	4.151	0.003
	比较高	67.000±12.342		
	不确定	61.440±13.253		
	比较低	57.000±15.003		
	非常低	58.886±16.106		

续表

指　标	变　量	平　均　值	t/F 值	P 值
职业的社会地位	神圣而光荣	73.130±10.917	15.724	0.000
	比一般职业好	65.621±14.470		
	一般	58.276±12.000		
	比一般职业差	54.310±12.898		
	低人一等	53.000±19.468		
职业的社会要求	竞争激烈，社会要求很高	69.068±13.066	6.449	0.000
	社会要求越来越高	63.882±13.445		
	社会要求比较高	55.476±12.596		
	社会要求不高	55.542±13.487		
	社会要求很低	49.333±7.528		
	只要愿意做的人都能做	55.125±14.477		
	其他	54.500±21.610		
专业的紧缺程度	非常紧缺，社会很需要	64.921±13.497	8.339	0.000
	一般，社会比较需要	54.326±13.443		
	不确定	52.333±15.759		
	不重要，社会可有可无	50.250±6.702		
	其他	62.200±12.091		
受人尊敬程度	很受人尊敬	73.429±13.246	9.034	0.000
	受人尊敬	67.421±12.107		
	一般	59.591±13.707		
	不受人尊敬	53.520±12.820		
	很不受人尊敬	57.385±16.860		

三、结　　论

(一)养老服务专业人才职业认同处于中等水平

由于近年养老护理人员流失和用工荒等问题凸显,有的学者描述养老服务专业人才的职业认同水平低①。本次研究发现,养老服务专业人才的职业认同得分总体处于中等水平,大多数(79.5%)专业人才比较认同养老服务的价值,数据结果优于预期。由于目前还没有关于养老服务专业人才的职业认同及其影响因素的量化研究,缺乏横向数据比较。与医护相关专业相比较,养老服务专业人才对养老服务职业认同水平相当②③④⑤。总体看来,养老服务专业人才对于本行业和养老职业的认同水平还是比较乐观的。

(二)家庭因素对学生从事养老服务职业的影响不可忽视

研究结果显示,父亲务农者的职业认同水平远远高于父亲从事机关工作者。在我们的访谈研究中,有不少学生谈到自己从就读该专业时很喜爱该专业,但最后因从业后在主要家庭成员相关亲友的歧视而产生压力,不得已放弃或者转行。由此推测,从事机关工作者非常在乎社会传统认识对于养老服务就是伺候老年人的偏见,而影响子女继续从事养老服务的从业忠诚。

家庭收入对于养老服务职业认同也是一个重要影响因素。家庭人均月收入越低,对养老服务职业认同水平越高。可见,将养老服务作为谋生职业者,其认同水平是较好的。而家庭人均月收入超过1万元者,对养老服务职业认同水平又会

---

①　刘志敏.高职院校老服专业学生职业心理素质培养探析[J].江苏经贸职业技术学院学报,2016(3):86-89.

②　樊敏,周英霞,孙玉梅.军队医院老年病房护士职业认同感及其相关因素分析[J].解放军护理杂志,2011,28(3):9-11,23.

③　张燕,刘云东.职业院校男护生专业认同状况调查分析[J].广西中医药大学学报,2015(4):129-132.

④　张何勇,田云,郑艳.湖北省男护职业认同现状及其与自我评价、社会支持的相关性分析[J].湖北医药学院学报,2018,37(5):464-468.

⑤　王雄伟.医学生职业认同现状与影响因素研究[J].中国社会医学杂志,2018,35(5):495-498.

提升，推测是对于该行业的未来前景有良好的期待。

(三)学校教育对人才具有积极、深远的影响

养老服务专业人才在老年服务与管理专业就读时的个人学习表现和专业教师的工作态度对他们的职业有明显影响。学校专业教师的工作积极性越高，导致学生对于该专业的认同水平越高。本研究选取的高职院校将老年服务与管理专业作为重点建设专业，在师资队伍配备、专业建设、课程改革、教学资源库建设、校内外实训基地建设等各方面，都处于北京市领先地位。专业教师注重教书育人，营造了良好的教学环境，在教学的各个环节中都非常重视老年服务与管理专业学生的职业素养养成，还有专门针对毕业生的跟踪调查。这些对学生的职业认同产生了积极影响。

研究显示，个人是因为喜欢而选读该专业、个人在校期间有班干部经历、学业成绩优秀者，职业认同水平更高。可见，个人在选读该专业之前的自主选择，显示其有长远的发展眼光，更能够对该专业保持良好的认同水平。而在校期间良好的学业表现，对其职业能力养成以及未来职业发展和职业认同打下了坚实的基础。

可见，学校教育是培养养老服务专业人才热爱专业、构建职业认同感的重要途径，是将养老服务专业人才和养老职业联结在一起的桥梁。打造校企深度合作的人才培养方案，构建针对养老职业岗位的课程体系，创设有良好职业体验的课程、营造良好的学习环境，展示职业生涯的多种可能性，提供清晰的职业路径和发展前景，能够帮助养老服务专业人才看到自己在未来的职业发展道路和晋升机会，帮助他们增强职业认同感，制定投身于养老服务事业的长期目标和职业规划。

(四)社会对养老服务的要求高、回报低

社会层面的多个因素都对于养老服务人才的职业认同水平有重要影响。认为从事养老护理的工资水平更高，认为与其他专业相比社会地位更高、社会对该专业的要求更高、该专业更紧缺、更受人尊敬者，其职业认同水平更高。从侧面反映出，社会发展对养老服务人员的专业和素质要求越来越高，而并没有同时相应

地提高养老服务从业者的待遇和社会尊重。养老服务正在从劳动密集型服务行业逐渐转向结合智慧、科技、技术等现代服务业，在行业发展中重视人才的福利保障是非常重要的。

此外，养老服务人才的职业认同水平，在校生明显高于毕业生、年长者明显高于年轻者。随着个体年龄增长和逐渐深入了解社会，经历职业方面的思考越来越多，养老服务人才的职业认同水平呈现下降趋势，表明学生时代构建的对于职业的认同和专业的热爱程度在降低。这也补充说明，以上几个社会相关因素对个体的影响是很大的。

四、展　　望

养老服务领域的工作人员在面对长期照护需求时，往往承担着极大的情感和身体上的责任。对于从事这一行业的人来说，他们的职业不仅是一份工作，更多的是一种生活方式和使命感的体现。个人、家庭、学校、社会层面的多种因素都会影响养老服务人才的职业认同水平。因此，从社会各层面采取适当措施提高对养老服务工作的认可与尊重，帮助养老服务专业人才在时代巨变中找到核心的认同感，对个人和社会都非常重要。

职业教育不但为个人职业认同的不断确定和定位提供支持，而且也指明了职业认同与个人认同感之间的联系点①。研究显示，职业教育能够帮助养老服务人员更好地认识到自己的职业价值，激发他们在行业中长期发展的动力和热情，从而有效地留住关键人才。

2024年年初，民政部等12个部门联合发文指出：加强养老服务人才队伍建设，有利于引领和带动整个养老从业人员队伍素质的提升，是实施积极应对人口老龄化国家战略和新时代人才强国战略、推动新时代新征程养老服务高质量发展的重要举措。这项政策涵盖了养老服务人才的"引进、培育、评价、使用、留存"等关键环节，提出了一系列系统性的措施，包括提升薪酬保障和激励政策、

---

① 菲利克斯·劳耐尔. 国际职业教育科学研究手册(下册)[M]. 赵志群等译. 北京：北京师范大学出版社，2017：142.

增强职业尊崇感、改善培训和教育体系等，并完善相关的流程。这些措施集中体现了对养老服务人才的全面支持，旨在创建一个更加健康和持续发展的养老服务环境，以吸引和留住养老服务人才，确保能够有效应对日益增长的养老需求。这种综合性的支持策略有望对养老服务行业产生长远的正面影响。

（原文题目为《北京市养老服务专业人才的职业认同调查研究》，载《北京劳动保障职业学院学报》2019 年第 1 期，收入本书时略加扩充）

京津冀职业院校养老服务技能大赛的回顾与思考

在京津冀协同发展纳入重大国家战略的历史时期①，北京市"十三五"时期民政事业发展规划出台之际，北京养老服务产业有了更大的发展空间，也面临诸多新的问题，尤其是社会养老保障和养老服务需求急剧增加导致大量社会化、专业化养老服务人才的紧缺。为了积极促进养老服务业高技能人才的培养与发展，2017年北京市首次设立了高职院校技能大赛"养老服务技能"特色赛项，面向京津冀高等职业院校，由北京劳动保障职业学院连续承办该比赛，吸引了众多养老服务行业企业积极参与比赛过程，办出了"高水平、人文、和谐"的大赛，得到各大媒体竞相报道，扩大了社会各界对于养老服务专业人才的关注和认同。现将承办大赛的情况以及大赛对于京津冀地区高职院校人才培养和专业发展的影响进行深入分析，以期对于高职院校的养老服务专业建设提供参考。

一、养老服务技能大赛概况

为了积极应对现阶段养老服务人才紧缺问题，北京劳动保障职业学院于2010年率先在北京市开办了高职老年服务与管理专业，并积极开展了该专业服务产业发展能力提升、课程内容对接职业标准的建设，提升了人才培养质量，形成了良好的专业基础。在当时还没有国赛的情况下，2016年学院申报了养老护理的特色赛项，并从2017年开始，连续举办了3届，先后吸引了开办老年服务与管理

①　狄建明，郭荔，张丹阳. 持续推进京津冀职业教育人才培养协同发展[J]. 中国职业技术教育，2018(16)：45-49.

相关专业的北京、天津、河北省的 9 所高等职业院校、133 名比赛选手、57 名指导教师、25 名裁判员等参加了比赛。

养老服务技能大赛以个人赛和小组赛方式进行，分为理论知识考试和操作技能考核两个部分。理论知识考核是个人赛，采取机考方式，由计算机根据各知识模块自动生成试卷。考试内容涵盖养老护理员国家职业标准及相关规定，每位选手的试卷不同，并由计算机自动阅卷评定，经评审裁判审核后生效。这样既避免考卷雷同，也减少了人为批卷的差错。实际操作考核为情境模拟考试形式，包括个人赛和小组赛。其中，个人赛为个人必考赛项，个人参加 2 项操作考试。小组赛为小组必考赛项，共 4 项操作考题，分别由小组内每位成员完成。实操技能考核通过真实情境的现场操作，展示高等职业院校学生为老年人开展生活照料、基础护理、康复护理、心理护理、处理紧急突发事件等养老护理的实践应用能力和职业素养。成绩分两步得出：现场部分由裁判依据统一的评分标准细则进行评分，并维持赛场秩序、控制流程、公布成绩。赛项总分按 100 分制计分，最终得分由参赛选手和裁判签字生效。大赛中，裁判员执裁尺度把握基本适中，对技能操作的关键点的评判正确，评判满意率较高。竞赛成绩呈正态分布，说明试题难易程度适中，选手水平发挥正常。

2018 年"养老服务技能"赛项获教育部批准，首次纳入全国职业院校技能大赛范畴，成为行业特色赛项之一。本赛项也顺利成为北京市的选拔赛，为国赛陆续输送了 4 名优秀选手。

二、养老服务技能大赛的积极影响

(一) 促进校际交流与专业发展

坚持"以赛促教、以赛促建"的理念，并依托养老服务技能大赛平台，赛委会在比赛全年都安排了各种活动，充分组织参赛院校之间的开放交流，促进了专业建设的深入研讨和共同发展。

首先，赛委会每年都邀请各参赛院校和行业企业专家共同研讨制定理论样卷和实操评分标准，并紧跟行业新技术、新进展来修订理论题库内容和实操案例。

其次，在各校级别选拔赛工作完成后，承办院校组织参赛指导教师召开赛项说明会，详细解读比赛规程、评分标准、典型案例。由于各参赛院校的校内实训设备如护理床、模拟人等，以及常用产品耗材存在差异，在赛前准备过程中，有的院校提出了不熟悉比赛设备和耗材等问题。赛委会的负责老师将各院校提出的问题逐一记录后，通过拍照、拍讲解微视频、提供详细的清单等方式来解决，如在清单中列出主要设备型号、产品和耗材的序号、标准等。这项工作也增强了赛委会与各参赛院校之间的沟通，对于搭建各院校专业教师交流经验、切磋技艺、增进友谊的平台很有帮助。

比赛现场举办专业教师观摩活动，为参赛指导教师提供了公开学习、公平竞争、深入交流的机会和平台，参赛者表示受益匪浅。大赛同期举办"京津冀职业院校老年服务与管理专业教师座谈会"，邀请各院校专业教师、京津冀养老服务企业代表参加座谈，通过深入研讨，推动各校老年服务与管理及相关专业在专业标准建设、人才培养模式建设、课程标准建设、师资队伍建设、实习实训基地建设、评价体系建设等方面的改革，也促进了京津冀养老服务内容和标准的沟通与统一。

(二)加强产教融合与校企合作

坚持"学校—企业—社会"共同参与的办赛模式，在技能大赛的全过程中都邀请行业企业的共同参与——在比赛方案设计、题库组建中，由行业企业专家参与；在命题工作中，请企业专家主持。企业也为我们提供了理论竞赛平台的软件支持、实操考核的软件计分系统。在比赛过程中，企业专家参与裁判、仲裁等现场工作，并与参赛的各院校师生一起座谈、研讨和总结。

我们遴选了在行业内有影响力和美誉度高的养老服务企业提供大赛赞助，包括技术服务和宣传服务。一方面将养老企业的新技术和新要求融入比赛要求，另一方面通过扩大宣传加深了养老服务人才对于企业就业的向往，也加强了全社会对专业化养老服务的认识和理解。

(三)学生职业素养和能力明显提升

将大赛设为团队赛，不仅是作为国赛选拔的需要，更重要的是在短时间内通过不同模块考察各院校的综合实力。因此，在大赛备赛过程中，更强调小组合作式学习与训练。

通过技能大赛，取得了"以赛促学"的预期效果。参赛指导教师将技能竞赛中涉及的养老服务照护方案设计与不同学习方法的应用、学习积极性的激发相结合，培养了学生的工匠精神，锻炼了学生的独立思考和解决问题能力；通过小组实训，将技能竞赛的团队合作与自身价值观结合起来，通过备赛中的切磋、交流与合作，锻炼了学生的沟通能力和应对突发事件能力，帮助学生重新认识自身价值，提高了学生的综合职业素养。

赛场上，选手们技能操作标准，服务全面细致，不仅表现出娴熟的业务能力，而且体现了富有同理心的人文关怀，应变能力也得到培养，充分展示了为老服务意识、创新能力和技能水平。裁判组专家现场做出点评和指导，有助于选手及时了解自身的不足，进一步提升了专业素质。

多年来，从学院参加比赛获奖学生就业情况来看，他们越来越受到用人单位的青睐，并且赢得一致好评。

(四)扩大社会影响，引发公众关注

我国现阶段养老服务人才总体匮乏，专业化养老服务供给不足，与快速发展的养老服务业现状不相适应，不能满足日益增长的养老服务需求。同时，由于养老护理员来源不足、招聘困难，许多年轻人包括养老护理相关专业毕业生不愿从事养老护理工作，从而导致养老护理从业人员流失严重等问题，养老行业服务力量严重不足。

基于京津冀一体化的基础上，应扩大行业人才的输送，让年轻人深入了解养老服务产业，增进了养老服务行业的认同感与荣誉感。通过京津冀养老服务院校教学和机构对服务技能的内容和标准的统一，不仅为京津冀的人才流动提供保障，也为倡导京津冀一体化养老提供机会，并能积极引导年轻人进入养老服务行业来应对京津冀面临的严峻的技能人才缺口问题。

通过大赛扩大宣传，加强行业、企业、政府、学校的广泛参与，引起全社会对养老人才培养的高度关注，营造了尊重劳动、崇尚技能、鼓励创造的社会氛围。家长和学生更加理解和认可养老服务业的技术水平和职业尊严，将会吸引更多学生报考养老服务和养老护理相关专业。

同时，养老护理人员的短缺引起国家各个层面的重视，各级政府将进一步提升广大养老服务从业人员的薪资水平，并积极推动建立教育培训、标准规范、荣誉激励和补贴奖励等相结合的养老护理员队伍建设体系，不断提升养老服务队伍专业化、标准化、职业化水平，促进养老服务事业健康发展。

三、养老服务技能大赛组织与管理创新

我们通过组织比赛，在养老服务行业内搭建了一个技术交流平台，让来自京津冀的选手发挥各自的实力，取得满意的成绩，不仅为行业选拔了优秀人才，而且提升养老服务行业的整体技能水平，推进了整个行业的专业化发展。主要体现在以下四个方面：

（一）加强大赛组织管理，精心设计竞赛方案

为贯彻落实《北京市人民政府关于加快发展现代职业教育的实施意见》的精神，参照《教育部关于成立 2016—2020 年全国职业院校技能大赛组织委员会和执行委员会的通知》意见，在北京市职业院校技术技能比赛设置的组委会、执委会、专业赛委会等机构指导下，成立赛项执委会，负责具体赛项的工作活动，并设置了职业技能竞赛管理办法、职业技能竞赛资金管理办法、赛事安全规章、突发事件应急预案等各项管理制度，加强了对竞赛的管理，做到有章可循，照章办事。

自从成功申报本赛项，赛委会吸纳了国家级技能比赛的专家现场多次指导，反复研讨修订大赛规程、赛项指南、命题守则、裁判员守则。其间，开设微信群开展院校调研、专家意见征询数百次，多次组织专家组会议和赛项说明会进行探讨，使竞赛方案不断得到优化。

我院负责制定科学、严谨、规范的赛事章程，以及本次赛项的命题、评审，参赛选手培训、选拔等工作。同时，及时与参赛院校联系沟通，开好赛前筹备会、协调会、评委会；组织好校级推选、选拔比赛等工作并提供良好的比赛、培训场地及硬件设施。在比赛期间，除了安排好大赛工作人员，我院还组建了一支优秀的专家评委团，以公平、公正、严谨、规范为原则对选手进行评判，并精选了优秀专家、技术人员为学生作指导点评。

(二)严格命题，精选裁判，确保大赛公正有序地进行

裁判员是大赛的现场执法者。大赛能否公正有序地进行，裁判员的素质、能力和职业道德至关重要。对此，组委会高度重视，每年在全国范围内选拔9位裁判、4位命题专家，他们都是行业精英，对工作高度负责，标准严格，一丝不苟，不仅确保了命题环节的保密性和科学性，而且确保了裁判工作的公平公正，同一项目的判罚尺度一致、评判标准统一，为大赛选手赛出水平、赛出风格、赛出和谐奠定了基础。可以说，命题和裁判环节令组委会放心、令业内信服、令选手信任。

大赛组织过程严谨规范，竞赛流程经过了多次现场演练，并征求专家的现场指导，争取达到了最合理的状态。

(三)加强校企合作，提升院校和企业的参与度

通过组织备赛、参赛，承办方积极联系相关单位，提升了院校和企业的参与度，推动了老年服务与管理及相关专业在专业标准建设、人才培养模式建设、课程标准建设、师资队伍建设、实习实训基地建设、评价体系建设等方面的改革。更为重要的是，通过行业、企业、政府、学校的广泛参与，引起了全社会对养老人才培养的高度关注，激发了学生对本专业的热情。

(四)紧扣养老服务特点，创新大赛内容和方式

1. 首次在竞赛中设置真实场景

在"使用轮椅转运老年人"这一项小组赛操作考核时，大赛设置了真实的场景，包括室外、真实上下坡道、真实的老年人以及众多的现场观摩人员，这对于有些只接受了模拟人训练的学生来说是一个非常大的挑战。裁判员点评时特别指出，对于这项操作，不同院校和考生的分数差异很大。这项操作既考核了操作技能，也考核了心理素质、职业道德、对老年人的人文关怀等综合素质。这一场景充分展示了高职高专院校老年服务与管理专业教学成果，受到了一致好评。多家养老服务企业、行业以不同形式参与了活动，多家媒体进行了跟踪报道，得到了

社会及涉老类专业的广泛关注，社会效益显著。

2. 率先将失智老年人的评估和干预纳入技能赛项

在养老护理实操技能考核中，对于失智老年人的评估和干预是现阶段学习的重点内容，但由于该项操作的流程与评分标准未完善而从未被纳入技能比赛。本次大赛率先开发涉及失智老年人的评估和干预的考题，其间多次与行业企业专家研讨，并征求了参赛院校的意见后，发布了详细的考题库与评分标准，如增加了人文关怀等综合技能的考察，既在赛项上形成突破，也通过此项创新增强了各院校的沟通交流。

3. 大赛方式的创新

本次项目在常规个人赛以外，又设置小组赛，既考核选手的个人能力，又考核团队整体实力以及团队合作能力，做到了核心技能与专项技能相结合，且以职业核心技能考核为主，同时，设计的专项比赛内容考虑到了专项技能的延伸性。此外，裁判人员以及所有参赛人员一致认为本次比赛优化了细节的管理，如在赛前将裁判手机统一管理等，保证了竞赛的公平公正透明；采用行业的先进技术、主流产品作为竞赛的技术平台和设备，其功能及系统都有很强的创新性；比赛过程全部依照企业核心需求来设计，着重突出服务实践能力，等等。

四、养老服务技能大赛展望

（一）对接世界技能大赛理念与技术标准

在第45届世界技能大赛赛场，我国选手首次参加了健康与社会照护项目。该项目竞赛评分则采用主观与客观相结合的方式，以真实案例和任务为基础，由演员扮演的标准病人来配合选手操作，要求选手在真实的场景中展现沟通和动手能力，而且对选手的语言和沟通技能、体力耐力和灵活创新等方面要求都很高。[1]

---

① 郑明璐. 浅析世赛健康与社会照护项目参赛选手的选拔与培养[J]. 科技经济导刊，2020，28(15)：229.

从长远来看，引入世界技能大赛健康与社会照护项目的技能标准规范和技术要求，从典型任务设计、课程体系、实训基地建设与项目开发、培训与指导、考核与评估等方面深化改革，是推动大赛发展和专业教学改革的重要路径。①

(二)实施更多优惠政策和激励措施

职业技能大赛的成功举办，扩大了养老服务专业人才的影响力，引起政府职能部门的高度重视和社会的广泛关注，并通过多种途径倡导给予养老服务人员更多优惠政策和激励措施。例如，近期出台的《北京市养老服务人才培养培训实施办法》规定，应届毕业生和毕业一年以内的往届毕业生，进入本市养老服务机构专职从事养老服务工作的，从入职满一年后分三年发放一次性入职奖励，标准为本科及以上6万元、专科(高职)5万元、中职4万元。对在养老机构护理岗位上从事一线护理工作的养老护理员，按月发放一线养老护理服务奖励津贴，补贴标准为每人每月1000元。这项政策极大地鼓舞了在读学生从事养老服务工作的信心，也将吸引更多青年投身于这个行业。

此外，进一步推动学生的比赛成绩与"养老护理员"国家职业技能等级证书挂钩、将技能大赛指导教师的成绩与职称评定挂钩，不仅是对参赛学生和指导教师专业水平的认可，也是充分调动教师和学生的积极性、鼓励他们发挥潜能的有效措施。

(三)推进大赛成果资源的转化

为了展现"以赛带练、以练带学、以学带用"核心内涵，推动养老服务与管理专业的蓬勃发展，提升养老服务与管理专业学生的服务意识和服务技能，方便各院校学习相关技术，进一步推动赛后教学资源转化，比赛的理论考试形式为云平台上的在线机考，后期拓展为既可采用比赛理论考试，也可以采用平时学习和模拟考试，将学习、训练与考核结合为一体，也便于将赛项专业知识、实训教程、企业案例等资源转换为资源库基础素材，并融入云平台的教学资源体系与专

---

① 李杰，郭达，张瑞，陈晓曦. 以世界技能大赛推动职业院校专业教学改革的路径探析——基于世界技能大赛技术文件的分析[J]. 职业技术教育，2018，39(28)：22-27.

业教学体系，应用于日常教学流程，从而让未参赛的学生和社会人员同样能够享受技能竞赛资源，真正实现职业教育面向人人、面向社会的目标。

职业技能大赛是职业院校提升技术技能人才培养质量的重要抓手。比赛是基于规则的竞技活动、交流切磋的展示平台，比赛内容应源于常态教学，并进行提高、升华、凝练。我们在赛后不仅要持续分析大赛在筹备、组织、培训、实战环节中存在的优点与不足，更要着眼于京津冀一体化发展，培养既富有养老服务特色，又能放眼全球、对接国际标准的高质量技术技能人才。

（原文题目为《京津冀职业院校养老服务技能大赛的回顾与思考》，载《北京劳动保障职业学院学报》2020年第4期，收入本书时略加扩充）

典型案例：打造以"时间银行"
为特征的劳动教育育人体系

一、实施背景

2020年7月，教育部印发《大中小学劳动教育指导纲要(试行)》，指出职业院校应积极开展公益服务性劳动，运用专业技能为社会、为他人提供相关公益服务，培育社会公德，厚植爱国爱民的情怀。2021年12月，《北京市养老服务时间银行实施方案(试行)》印发，提出构建市、区、街道(乡镇)三级养老服务时间银行管理体系，鼓励在京高校等单位成立志愿服务队、开展养老志愿服务。

北京劳动保障职业学院通过建立"劳动教育综合性实践平台"，将志愿服务融入"时间银行"平台、涵养专业素养、传承养老文化等措施，创新劳动育人新理念、新平台、新路径，有效培育了学生的劳动素养。

二、具 体 做 法

(一)家校行企社五位一体、协同打造"劳动教育综合性实践平台"

坚持多元协同育人模式，积极对接产业需求，整合社会、家庭、行业企业资源，通过建立线上线下相结合的公益平台和社区居家实践基地，为大学生提供劳动实践的新形态、新载体、新方式。

一是签约公益平台。学校与中银慈善基金会、中国银行北京市分公司签约，通过"养老服务时间银行"公益平台，开创了一种全新的志愿服务模式，为志愿者参与社区助老活动提供信息渠道和记录账户。鼓励学校教师和学生注册平台，高效调配志愿服务资源，开展助老志愿服务性劳动。

二是联盟龙头企业。学校领导带领团队深入北京市养老龙头企业乐成集团、慈爱嘉养老等进行调研，构建紧密合作的命运共同体，建立大学生服务性劳动和生产性劳动实训基地。

三是构建五位一体平台。为家校行企社搭建"五位一体"的劳动育人联动平台，共享劳动教育资源，畅通信息沟通渠道，进而在校园内搭建更多志愿服务平台，注重发挥家庭在志愿服务活动中的支持作用，有效实现五个领域的不同活动内容对学生劳动教育的全覆盖。

(二)德智体美劳五育并举、创新"劳动教育育人体系"

通过学校"时间银行公益平台"工具，探索分类开展与课程体系相结合的非专业服务、准专业服务与专业服务项目，将专业化志愿服务作为重要的劳动教育实践活动，推进校内教学与社区服务和志愿服务相结合，构建彰显民生福祉特色的劳动教育体系，达到立道德、增才智、强体魄、育审美、爱劳动五育并举的目标(见图31)。

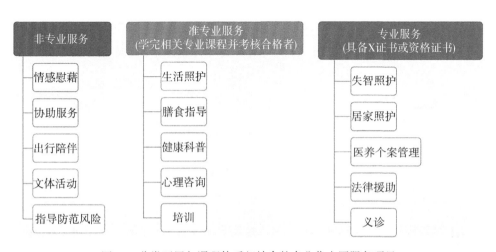

图31 分类开展与课程体系相结合的专业化志愿服务项目

据此，一方面，开展模块化教学改革，将教学内容项目化，引导学生在解决实际问题的过程中亲身参与有目的的劳动实践活动，经历探究学习、实践体验、交流分享、拓展创新的完整过程，并在此过程中体会劳动艰辛，分享劳动喜悦，养成劳动习惯，体验创造乐趣。另一方面，对接专业课程实训要求开展服务性劳动，建立劳动教育与技能大赛相融合机制，提高职业技能水平，培育学生精益求精的工匠精神和爱岗敬业的劳动态度，使劳动教育呈现出多样性和丰富性。

(三)志愿服务融入劳动实践、传承"三心三老"专业文化

学校养老服务专业开办 10 年来，着力通过养老岗位示范、高尚师德引导、知行合一实践来涵养学生养老、敬老、孝老和具备善心、热心、爱心的"三心三老"文化(见图 32)。

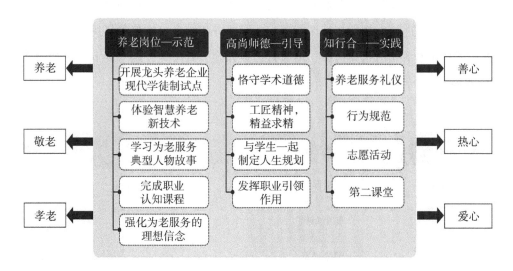

图 32　涵养"三心三老"的专业文化

作为双高专业群建设单位和北京市特色骨干专业，我们以北京劳职时间银行项目为载体，将专业化志愿服务与劳动教育有机融合，调动了专业和师资团队的

力量，新开设了一系列专项社会实践活动。2021年开展中医药文化进校园志愿服务活动，为全校师生进行了中医耳穴贴压及拔罐服务，广大师生及退休职工积极参与，对志愿活动高度认可；开展敬老月社区公益系列活动，锻炼和提升了团队成员的师德素养与社会服务能力。这些活动在输出专业养老知识的同时，弘扬了中华传统美德，倡导全社会尊老爱老助老。2022年组建教师抗疫先锋队，充分发挥医护康养的专业特长，投身学校防疫工作的第一线。青年学子在参与冬奥服务队、劳动实践周等各类志愿服务活动中，既能体验劳动的意义和价值，又能获得成就感、自信心。2023年与北京市军队离休退休干部安置事务中心安立休养所签约，合作开展了"学雷锋"志愿服务、科普心肺复苏及海姆立克急救法等多场活动，民生学子在志愿服务中发挥专业特长，为离退休老军人多次送去健康服务。

三、实 施 效 果

（一）形成服务性劳动教育的"劳职模式"

学校打造综合性实践平台，以专业化志愿服务推进劳动教育的重要举措，落实了教育部立德树人根本任务，逐步形成了专业+服务劳动教育的"劳职模式"。2022年学校获批为北京市首批中小学职业体验中心（劳动教育基地），通过对中小学生开展线上劳动教育课程和线下的全生命周期体验项目，培养学生崇尚劳动、尊重他人劳动成果的意识，并能初步了解新职业和新技术，这对学生今后职业发展将起到积极作用。

表19　　　　学校面向中小学生开展的全生命周期体验内容

项目	体验内容
育婴师（托育师）	换尿布、抚触、追视

续表

项目	体验内容
幼儿教师	音乐律动、读绘本
养老护理员	智慧助老、辅具应用
整理收纳师	衣橱贴纸分类体验、衣物收纳技巧体验
茶艺师	认识六大茶类；冲泡茶技巧练习及品饮
中药师	识别常见的草药
体检员	生命体征测量、静脉采血、静脉输液、心肺复苏、海姆立克急救法
康复按摩师	按摩体验：感受推、拿、按、揉等手法
健康管理师	健康生活方式宣教、体重健康管理(人体成分分析)

(二)实施"劳职模式"使学生劳动素养、专业技能双提升

开展孝老爱亲、服务社会的育人过程，使学生的劳动素养和专业技能得到提升、劳动技能和成果受到关注，"劳职模式"既输出了正能量，又为地方经济发展培养了一批优秀人才。

(三)"劳职模式"培养的毕业生深受社会认可

一大批参加过志愿服务工作的毕业生因具有良好的职业精神和过硬的专业知识与技能，深受用人单位的喜爱和好评，还受到央视、地方媒体和行业媒体的广泛关注，在社会上产生了积极反响。

图 33　北京新闻报道学校"时间银行"志愿者王名宇施救路人现场①

　　① 代丽丽. 跪地救人女孩是名养老护理专家[N]. 北京晚报, 2022-09-24. https：//bjrbdzb. bjd. com. cn/bjwb/mobile/2022/20220924/20220924＿006/content＿20220924＿006＿2. htm＃page5? digital：newspaperBjrb：AP632e9169e4b0fe43f0dc1edc.

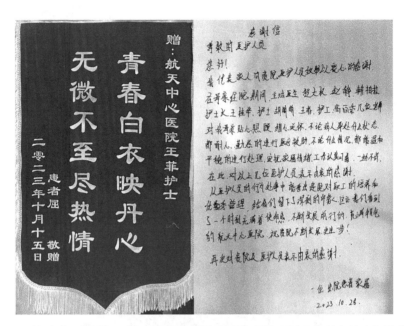

图 34 "时间银行"志愿者王菲、董子涵、韩朝旭所在的护理团队收到患者及家属感谢信

（此文于 2022 年 11 月获评为"北京市职业院校劳动教育典型案例"（京教函〔2022〕479 号），收入本书时略加扩充）

课程改革篇

　　在当今的教育变革中，课程改革不仅是对教学内容的优化，更是对教育理念和实践的创新。教师作为课程改革的关键参与者，通过研究和反思自己的教学实践，能够引领课程改革走向更高水平。正如杜威所言，"我们从对经验的反思中学习"。课程的不断改进，需要教师持续进行反思性实践，充分发挥创新精神。课程改革不仅要适应学生发展的需求，还要引领时代的教育变革，为学生的未来赋能。

职业成长视角下的"老年人能力评估"
课程思政探索与实践

——以北京劳动保障职业学院为例

2020 年，人力资源和社会保障部联合国家市场监督管理总局、国家统计局发布了"老年人能力评估师"新职业。养老产业相关的职业、岗位逐步细分，开展老年人能力评估成为养老服务工作中的紧迫任务。社会紧缺养老评估人才，学校和社会企业用户学习需求很大。2021 年 12 月，国务院印发的《"十四五"国家老龄事业发展和养老服务体系规划》提出要建立老年人能力综合评估制度。2022 年，教育部发布新版职业教育专业简介，在高职智慧健康养老服务与管理专业中新增了"老年人能力评估实务"课程。

为积极响应人口老龄化国家战略，不断满足老年人日益增长的多层次、高品质健康养老需求①，培养社会急需的"老年人能力评估师"等养老服务人才，北京劳动保障职业学院教学创新团队于 2019 年开始率先在高职智慧健康养老服务与管理专业开设"老年人能力评估"专业课程，将新标准、新技术引入课堂②，将课程思政与职业素养相融合，通过 GROW 模型指导学生职业成长、发展为老服务的职业认同，引导学生主动探索自身职业成长的路径，该课程被评为 2022 年国家级精品在线开放课程。该课程接入国家智慧教育公共服务平台后，有 30 多所同类院校师生和多名社会企业用户参加了课程学习，主动适应了校内外学习者的

---

① 马丽萍.《老年人能力评估规范》国家标准出台 以标准体系建设助推养老服务高质量发展[J]. 中国社会工作，2023(5)：28，30.

② 《老年人能力评估规范》国家标准解读[J]. 中国民政，2023(2)：41-42.

个性化发展和多样化终身学习需求。① 本文从教学视角介绍"老年人能力评估"课程思政探索与实践情况。

一、组建结构化的教学创新团队

2020 年教育部发布《高等学校课程思政建设指导纲要》，从重要性、主要任务、目标要求和内容重点、教学体系等方面对实施课程思政提出了具体要求。为切实提高职业教育的人才培养能力，北京劳动保障职业学院与企业通力合作，组建了结构化的教学创新团队。课程负责人为国家级教学创新团队负责人，成员包括校内的骨干专业教师、思政部的思政理论教师、企业一线实践能手和产业专家等。

学校组织教学团队接受课程思政培训和指导，并实施了思政教师结对子工程，对接具体专业和课程，发挥思政教师的专业优势，积极指导和协助专业教师发掘专业课程中的思政元素并融入教学活动。同时，邀请企业实践能手将企业典型案例和现场实景引入教学设计和实施环节，产业专家指导团队成员紧随产业发展和政策变化进行教学创新。

团队定期开展线上、线下相结合的交流和集体备课，辨证思维能力、课程思政能力与技术研究相结合，促进思想碰撞、反思和升华。在教授学生知识技能的同时，把做人做事的基本道理、职业精神的内涵和体现、社会主义核心价值观的要求，以及实现民族复兴的理想和责任融入课程设计和教学，充分发挥课程的思想价值引领作用。

二、基于职业成长的课程思政设计

(一)运用 GROW 模型指导学生职业成长

职业成长是个人不断提升能力、承担更多责任、积累相关工作经验，实现职

---

① "老年人能力评估"国家级职业教育精品在线开放课程网址：https：//www.xueyinonline.com/detail/242325629.

业目标的过程①。我们在调查研究中发现，年轻人不愿进入养老服务产业的原因是多方面的，如养老服务工作很辛苦、社会地位和待遇不高等。此外，他们不理解养老服务职业的价值，缺乏对现阶段职业发展状况和个人未来职业发展空间的认识②。学生的职业认知开始于专业教育阶段，可塑性强。"老年人能力评估"课程在高职第三学期开设，学生正处于职业认知发展的关键时期，在该课程中引导学生探索自身职业成长非常重要。

GROW 模型是教练约谈中经常使用的辅导流程与框架，GROW 分别代表 4 个单词——G(Goal setting)是指目标设定，R(Reality)是指厘清现状，O(Options)是指发展路径，W(Will)是指行动计划。将 GROW 模型运用在指导学生职业成长的教学中，精心设计每一流程中具体的教师活动和学生活动，充分挖掘可以运用的课程思政资源，有助于"老年人能力评估"课程思政教学。

在目标设定阶段，教师通过问卷调研和辅导谈话的方式，引导学生关注我国人口老龄化的特点和积极应对的举措，充分了解老年人能力评估师新职业的由来和发展，深刻认识职业存在的意义和价值，增进养老服务的职业认同和职业荣誉感，树立为老服务的目标。同时，组建学习小组，引导学生一起探索目标并量化个人目标，如近期目标是掌握老年人能力评估知识和技能；中期目标是考取老年人能力评估师、养老护理员等职业资格证书，或医养个案管理 X 证书；长期目标是成为老年人能力评估师以及养老护理、养老管理等方面的专业人才，致力于在养老服务领域深耕。

在现状分析阶段，教师编制测试题目并设计评价项目，通过课堂讨论、个人对话和小组活动等形式，帮助学生理解老年人能力评估师新职业的要求。学生通过测试来了解自己现有的知识水平和经验，并根据老年人能力评估师的岗位要求，对照分析自身知识水平和能力，找到差距。

在发展路径阶段，教师提供多样化的学习资源，如阅读材料、典型案例和模拟评估任务。学生通过小组讨论、案例研讨等活动，客观认知自己的学习动机和

---

① 陈永伟，李文蓉，庄佳强. 职业成长与工作满意度：研究述评与展望[J]. 科技和产业，2021，21(10)：175-185.

② 谈玲芳. 北京市养老服务专业人才的职业认同调查研究[J]. 北京劳动保障职业学院学报，2019，13(1)：33-36.

影响因素，根据新的发展目标，树立投身养老服务的职业规划。探索自身专业成长的路径，制定学习计划。同时，根据资源需求选择成长方案、制定时间表，并坚持实事求是原则和公正原则。

在行动计划阶段，教师提供更多的支持资料和校内外参加社区服务、志愿服务的机会，帮助学生选择成长方案、撰写实训报告和反思报告。学生自主选择学习方法、制定行动计划、与同伴合作并反馈，通过总结、行动和反思来提升照护沟通、评估和服务能力、信息化技术应用能力，践行课程中融入的核心价值观、升华对职业的认同和热爱、进一步发扬创新和创业的精神(见图35)。

图35 "老年人能力评估"运用GROW模型指导学生职业成长的思政设计

(二)充分挖掘课程思政资源

基于GROW模型要达到的教练效果，结合学生在专业学习和实践中所遇到的真实问题和困惑，教学团队充分搜集国家和地方的政策、行业标准、热点事件、新闻、案例、图片、视频、合作企业资源、毕业生实习生资源、学生的心得体会、实训报告、反思报告等资源，提炼并建立课程思政素材库。

同时，完善各任务点思政目标，厘清与专业知识和技能融合性强的思政素材，开发相应的教学视频、动画、题库、合作企业案例库、大赛资源库，形成"老年人能力评估"课程的教学资源库，实现知识传授、价值塑造和能力培养的多元统一。

（三）优化课程思政内容体系

对接老年人能力评估师新职业、新技术的进展，注重学生的职业发展与新岗位的胜任力，不断优化调整课程思政内容，创设适用于多样化学习情境和应用场景的实训任务，涵养智慧健康养老服务与管理专业群构建的"三老三心"专业文化——传承养老、敬老、孝老的文化，善心、热心、爱心的专业素养，构建老有所依的和谐社会，充分发扬敬业精神、劳动精神和工匠精神。并进一步形成老年人能力评估课程的核心价值观"公平、专业、关爱、和合"，培养学生爱岗敬业的职业精神，提升专业技能，认识评估工作的职业化、规范化，在分配资源、解决问题等过程中坚持实事求是、公平公正原则；不断学习提升新技术，促进产业和服务升级；站在政府、养老企业、服务人员、老年人及家属等各方的角度来理解评估工作开展的意义，为和谐社会建设增砖添瓦。

三、实施"四阶六步"混合式教学改革

（一）对接新职业、新技术更新教学内容

围绕学生未来从事老年人能力评估师等新岗位需求，对接新职业要求和《老年人能力评估规范》新国家标准，以老年人能力综合评估为主要内容，与时俱进更新教学内容。同时，增补北京市地方规范、世界卫生组织 ICOPE 工作指南、国际功能分类 ICF 等国内外标准、行业标准、医养个案管理 X 证书标准

等，评估测量相关软硬件发展的新技术，以及反映最新业态、最新市场需求的新内容与新案例①②③。

(二)设置"四阶六步"渐进式教学模式

基于 GROW 模型，采用线上与线下相结合的教学模式，设置"学理、观摩、实操、拓展"四个阶段，对应指导学生从职业认知、认同、行动，到升华、反思的循序渐进的职业成长过程。

"学理"阶段培养职业认知，引导学生树立为老服务的目标、制定养老服务的职业规划；融入的思政教学内容包括行业领军人物故事、优秀毕业生的成长路径、国家和地方积极应对人口老龄化的举措。

"观摩"阶段培养职业认同，增加了前沿新技术、新规范等内容，以便学生认识新职业对健康养老产业发展的意义、分析自身现状以确定目标；融入的思政教学内容包括老年人能力评估体系与失能补贴制度红利政策、老年人能力评估国家行业标准、评估师职业现状。

"实操"阶段是行动，开展在养老机构、社区居家服务中心、评估机构等多场景下的养老评估实训，帮助学生掌握重难点，融合智慧健康技术，提升创新能力，教学目标是引导学生探索自身专业成长的路径；融入的思政教学内容是在多场景的评估工作中灵活运用国家和地方标准和流程、遵守职业守则和规范、关注评估报告应用的伦理范畴，并能与时俱进、积极学习，创新应用智慧健康新技术提升工作效率。

"拓展"阶段是升华、反思，教学目标是不断实践和反思、知行合一，能分析老年人能力维护与改善的需求并开展相关的健康教育；融入的思政教学内容包括职业素养的教学案例，能创新运用家庭、社区、社会资源等进行失能预防和干预，健康引导教育的服务包，激发学生创业意识、创新精神的比赛、活动等(见

---

① GB/T 42195—2022，老年人能力评估规范[S].

② 老年人能力评估师国家职业技能标准(2020 年版)(2020-11-23) http：//files. anshan. gov. cn/files/ueditor/XYXZF/jsp/upload/file/20211123/1637651961348012109. pdf.

③ 老年人能力评估师国家职业技能标准(2023 年版)(2024-04-30) http：//biaozhun. osta. org. cn/pdfview. html？ code＝628.

表20）。

表20　　　　　　　"老年人能力评估"四阶段、渐进式内容体系

学习阶段	模块	任　　务	思政元素	主要思政素材	职业成长
学理	职业认知	掌握岗位基本要求 恪守职业守则	爱国、敬业 "三老三心"	央视焦点访谈：老年人能力评估师新职业 行业领军人物故事 优秀毕业生新闻故事	认知
观摩	基础知识	掌握失能的含义 分析多层面能力发挥	公平、公正 "三老三心"	国际功能分类与案例 多场景评估案例	认同
	工作准备	能整理、布置评估环境 能采集信息、准备表单	和合、专业 善心、爱心	世界卫生组织 ICOPE 工作指南 国内外评估工具 现场教学案例	
实操	工作实施	掌握实施流程 能开展评估、撰写报告	和合、专业规范实事求是	真实场景视频、教学动画、角色扮演案例	行动
	软件实操	能操作评估软件	与时俱进 创新	软件操作指南 企业新技术应用视频 老年评估领域的 AI 应用	
拓展	相关的健康教育	能分析需求、开展能力受损健康教育	"三老三心" 创新、创业	失能干预服务包 健康老龄化案例 创新创业大赛辅导方案	升华反思

　　教师按四个阶段、六个模块来分配、整合线上线下资源并开展教学活动。在线上教学部分，教师通过六步——课程导航、三维目标、前测、参与式学习、随堂测验、归纳总结与延伸学习指导等，帮助学生实现参与者→体验者→实践者→使能者的四阶质变；在线下学习部分，同样按照四阶六步成长教学模式，开展课前、课中与课后的教学实施流程，以便学生能更合理高效地利用线上线下资源。

（三）开展以学生为中心的翻转课堂教学

在教学实施中，教师运用翻转课堂与混合式教学，重新调整了课堂内外的时间和任务，教师不再占用课堂时间来讲授全部知识点，而是利用更多时间与学生一起讨论课前遇到的问题，开展个性化辅导和小组互动，鼓励学生拓展高阶思维方式，从而真正实现了以学生为中心，教师则是学习的引导者和促进者，师生共同创建新的学习文化。

课前，教师开展学情分析、发布课程说明和教学要求、预习任务，让学生观看视频和阅读材料、完成课前测试或在讨论区发言。课中，教师针对课前诊断的问题，聚焦解决共性化的不易掌握的知识、技能点，利用在线教学平台的视频、动画，针对学生的疑问，运用信息化手段开展任务驱动实训、案例分析，讲练结合，通过热点问题研讨、讲行业领军模范人物故事、介绍优秀毕业生成长故事、提供岗位说明书、指导职业规划等混合式教学过程来传道解惑、提供示范、指导实训。学生活动包括抢答、投票、上台、分组实训、生讲生评、反思交流。课后，教师根据学习情况布置延伸阅读与实践材料，组织学生开展技能训练、创新

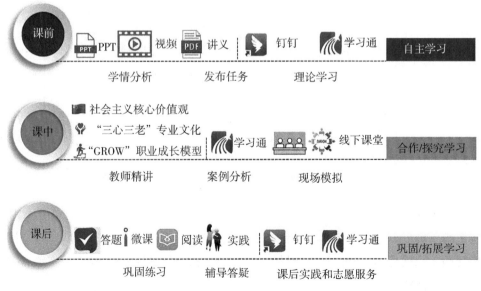

图36 "老年人能力评估"课堂教学实施环节

创业大赛路演(图36为教师指导张同学参加大赛时制定的个人成长目标)、提供养老志愿服务、医养个案管理X证书学习考证等拓展性活动;学生自主参与实践、上传实践报告、参赛作品、X证书,生生互评,并请高年级学生参与评价,及时反馈学生能力增值变化,促进学生的个性化发展(见图37)。

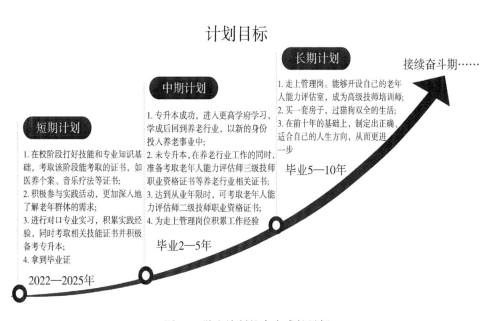

图37　学生绘制的个人成长目标

四、实施多元学习考核评价

从道德、能力、成长三个维度,对学生(学长)、教师、第三方(行业企业、X证书评价组织)三个主体,采取线上、线下相结合的方式,实施多元考核评价,全面评估学生在课程中的学习情况和能力发展。同时,实施增值评价,在课堂讨论中考查学生的批判性思维能力、在活动中考查学生的合作沟通能力、在实践反馈中考查学生的综合素养、在成果报告中考查学生的反思能力。

评价项目包括过程性评价、结果性评价和第三方评价。过程性评价部分涵盖了线下学习和线上学习两个方面。在线下学习中，对学生的课堂表现进行评价，权重为5%；学生的课堂讨论和活动参与情况，权重为15%。而在线上学习中，对教学资源的课件自学和学习任务的完成率进行评价，权重为10%。此外，作业的质量和完成次数，权重为20%。结果性评价部分同样包括了线下学习和线上学习两个方面。在线下学习中，评价实践反馈的质量，权重为40%。而在线上学习中，主要计算多次题库考核的平均得分，权重为10%。第三方评价部分主要是行业(社会)评价、证书或成果认定，获得老年人能力评估员证书或通过医养个案管理X证书社会评价的学生，可以申请免修"老年人能力评估"课程。

五、结　　语

实施课程改革以来，团队教师的育人意识明显增强，课程思政目标与教学目标更加明确。通过将思政内容融入课程教学，学生们不仅认识到职业的重要性，还强化了敬业乐业、专业规范、恪守法规的意识，拓展了探索求知和自我发展的能力。团队教师面向全国多所同类院校教师开展培训，分享课程建设经验，带动了专业群建设和改革。

学院以课堂内外、线上线下、显隐结合等方式将思政元素自然融入老年人能力评估教学及实践，引导学生涵养"三老三心"的养老情怀、强化职业认知、提升专业技能、践行立德树人理念。"老年人能力评估"课程思政育人效果明显，学生对这门课程的满意度高、获得感强。他们认为通过学习、训练、领悟和反思，不仅获得了知识和技能的提升，也探索了自身的职业成长路径，更将其内化为个人的经验、智慧和能力，坚定了未来从事养老服务职业的信心，并能进一步主动关注行业新标准、新技术，自觉注重提升职业素养，主动践行"公平、专业、关爱、和合"等核心价值观。

2024年年初，民政部等12个部门印发《关于加强养老服务人才队伍建设的意见》指出，为深入实施积极应对人口老龄化国家战略和新时代人才强国战略，推动全方位吸引、培养、用好、留住人才。高职教育是培养高技能人才的主战场，我们将进一步加强专业建设和课程改革、发展养老服务职业教育，为新时代养老服务高质量发展提供德技兼备的人才。

（原载《湖北职业技术学院学报》2024 年第 1 期，收入本书时略加扩充）

基于建构主义课程观的"老年服务沟通"课程开发研究

我国已进入人口老龄化快速发展阶段,且高龄化、家庭规模小型化、空巢化、健康问题增多等现象比较突出,社会化的养老服务需求持续增长且呈现复杂化、多样化、专业化需求高的特点。研究显示,老年服务沟通能力是养老照护员顺利开展专业工作的基础,甚至是提高服务满意度的重要基础。服务沟通能力是为老服务类岗位所必需的核心职业能力,属于关键的"软技能"。

然而我们在专业和市场调查中发现,目前国内缺乏面向老年服务与管理专业、针对在养老照护工作领域中的人际沟通能力培养的教材与课程。为弥补不足,专门针对以高中为起点的养老服务人才,将人际沟通理论知识和应用策略充分运用于专业化的养老照护工作实践,北京劳动保障职业学院开设了老年服务沟通课程。在教学研究与实践中,笔者基于建构主义理论及课程观对该课程进行了开发研究,强调在学习中以学生为中心,教师由知识的传授者、灌输者转变为学生主动建构意义的帮助者、促进者,突出了对学生的沟通能力、应变能力和创新能力培养,从而为老年服务与管理专业的教学改革开拓了新视野。

一、建构主义课程观概述

建构主义是在著名瑞士心理学家皮亚杰提出的"认知结构"的基础上,由科恩伯格和斯腾伯格等通过进一步研究而首先提出并发展起来的。它的理论核心是:知识不是通过教师直接传授得到的,而是学习者在一定的情境下,借助其他人包括教师和学习伙伴的帮助,利用必要的学习资料,通过意义建构的方式而获得的。建构主义理论提出的这种新的知识观和学习理论,重新解释了知识的本质和学习发生的机制，并以此为基础倡导了新的课程建设。

建构主义的课程观强调用情节真实复杂的故事来呈现问题，营造问题解决的环境，以启动学生的思维，帮助学生在解决问题的过程中活化知识，并让他们参与课程的设计与编制。这种课程努力为学生提供大量认知工具，以拓展学习方式和视角，增强学习能力；它充分利用超媒体和超文本以方便各类信息的使用和更新，提供跨学科、跨时空、面向真实世界的链接①。在此过程中，教师是学习的引导者和合作者，学生是积极的建构主体。知识是变化的、自主建构的，课程是实现学生发展的系列活动，要允许学生与教师在"互动""对话"中对课程不断地创生②。

二、基于建构主义课程观的"老年服务沟通"课程开发思路

（一）充分的行业、企业、专业、市场调研分析

职业教育课程体系建设与教学改革的出发点是市场、企业对人才的需求和对毕业生的全面要求，而不是学科体系结构的知识理论逻辑需求。因此，我们对北京市养老服务行业企业与市场开展了科学调研，确定了老年服务与管理专业的人才培养目标及培养规格，在获得较充分的数据和信息的基础上，对典型企业的主要就业岗位的相关工作过程进行分析，确定职业岗位群体的知识、能力与素质需求③。

（二）设置有一定弹性的课程目标

不同的人所拥有的知识结构是不同的，因而，对于同样一个对象，不同个体所建构的意义是不一样的。因此，应当允许职业教育课程目标有一定弹性，课程内容要满足不同基础、兴趣的学生的需求。尤其是在养老服务的工作过程中，沟

① 李洪君. 教师的课程观研究综述[J]. 科教导刊, 2013 (11)：45-46.
② 艾兴. 建构主义课程研究[D]. 重庆：西南大学, 2007.
③ 戴士弘. 职教院校整体教改[M]. 北京：清华大学出版社, 2012.

通活动即使严格按照事先制定的操作规范和程序来开展，服务者面对的情形不可能完全相同，也即劳动过程会存在个体差异，这也是人性化服务的实施基础①。

(三)构造真实的职业情境开展教学

建构主义认为经验或知识必须通过个体与职业情境的相互作用来获取，而职业理论知识的获取必须在真实的职业情境中建构。因此，老年服务与管理高职教育必须创设与典型职业岗位相一致的职业情境，让学生在真实的职业情境中，通过与这些情境的相互作用来构建职业经验知识和职业理论知识。

(四)促进学生对知识、技能的主动建构

知识的意义只有在多种关系中进行体验才能得到建构，因此，在课程实施过程中，教师应采取多种方式促进学生对知识、技能的主动建构。对同一个知识点或技能，教师要提供针对不同层次的各种变式的练习机会。

三、课程开发的实施

(一)典型岗位分析与课程目标制定

在科学调研的基础上，分析老年服务与管理专业毕业生的就业岗位，其初始就业岗位包括养老照护员、接待员、老年服务需求评估员、老年产品调研员、老年产品营销员等，二次晋升岗位包括养老护理技师、养老服务管家、部门主管、店面经理等，而未来发展岗位包括养老机构中、高层管理人员，养老服务专家等。其中，主要面向的典型岗位是养老照护员。我们深入研究了养老照护员的职业能力和素质要求，以此作为课程目标和内容选择的主要依据。基于建构主义的课程目标包括知识与技能、过程与方法、情感与态度价值观这三个方面的内容，分为共性目标和个性目标。由此，笔者设计老年服务沟通课程的共性目标是，培

---

① 李亦菲，朱小蔓．新课程三维目标整合的 KAPO 模型[J]．天津师范大学学报（基础教育版），2010，11（1）：1-10.

养学生树立生命关怀理念，发扬人道主义精神，充满爱心、耐心、责任心，具备良好的为老服务沟通态度；理解并掌握老年服务工作中的各种沟通方式、要求及策略，能够恰当地交谈、演讲、书写专业文件，并提高个人有效沟通的能力；个性目标则是针对学生的个别差异或课程实施过程中可能出现的情况而制定的，旨在使学生的创造力和解决问题的能力得到很好的发展，由此体现课程的开放性和弹性(见表21)。

表21   "老年服务沟通"课程目标

目标维度	共 性 目 标	个 性 目 标
知识与技能	• 掌握沟通的定义、特征；了解人际沟通的价值； • 掌握听、说、问的基本技巧；理解需注意的事项； • 掌握团队沟通方法；理解团队高效沟通的价值； • 理解并掌握老年服务工作中各种沟通形式、要求及策略； • 掌握老年服务沟通技巧。	• 理解各种关系沟通中的角色功能； • 认知老年服务的特点，安排优先工作顺序； • 能够恰当地交谈、演讲、书写专业文件。
过程与方法	• 通过角色扮演培养学生的表达能力； • 通过情境任务培养学生的团队协作能力和解决问题的能力。	• 通过角色扮演或小组演示培养学生的随机应变能力； • 通过沟通方案设计培养学生解决问题的能力和创新能力。
情感、态度和价值观	• 树立生命关怀理念，发扬人道主义精神； • 充满爱心、耐心、责任心，具备良好的为老服务沟通态度。	• 加深自我认识、积极心态，树立信心； • 加强与人有效沟通的意识； • 养成得体的行为规范与亲和力。

(二)选择有助于学生意义建构的课程内容

建构主义强调以学生为中心，强调课程内容的意义建构，而高职生的身心特点也表明，在课程内容的选择上要具有灵活性，才能满足不同基础的学生的需求。帮助学生对知识进行意义建构，形成良好的认知结构是选择课程内容的重要依据。由此，结合真实的工作任务，老年服务沟通课程选择的教学内容包括：在入门学习中，主要选择结构良好领域的知识(初级知识)，为学生介绍人际沟通的概念、基本沟通技巧以及老年人的特点、需求，为老服务工作的优先顺序等概括性强、适用面广的浅度知识；在后续深入学习中，则以结构不良领域的知识(高级知识)为主，为学生提供在接待老人、团队工作、老人照护等沟通情境中的实践应用，帮助学生全面地看待问题，并激发学生灵活地处理问题的能力。

(三)情境教学设计与实施

建构主义主张学习应在真实的任务情境中进行，让学生解决具有一定复杂性的真实问题。此外，学生良好的认知结构是在大量的情境应用中建立起来的，应在老年服务沟通教学中努力营造学生是主角的学习情境。笔者根据养老照护员服务沟通的主要活动领域，分别设计了具体任务及主要工作情境(见表22)。

教学实施则根据不同工作任务的要求选择适当的教学场所、教学模式。一方面，我们通过在校内外实训基地开展实践教学以提供真实的职业情境及开展活动的机会。例如，在学习"接待老人的沟通"这一专题时，选择在校外实训基地，包括与我们签约合作的典型的社会福利院和居家养老服务机构分别开展"入住老人的接待沟通"和"拜访居家老人的沟通"。另一方面，以能够解决学生在现实生活中遇到的问题为目标，让学生的学习任务在与现实工作相类似的情境中发生。例如，创设与同学交往、与老师交往、与网友沟通、就业面试等与学生密切相关的生活情境，并开展多种变式练习。而在开展"老年照护工作中的治疗性沟通"①等主题学习时，则运用计算机多媒体技术和网络技术，虚拟各种照护操作真实情境和工作任务，播放视频后立即组织讨论和点评，逐步加深对有关教学内容的理解。多媒体的利用更好地实现了情境化、活动式的课程实施，也激发了学生的学习兴趣，能方便揭示了新、旧知识之间联系的线索，为学生实现新知识的"意义

---

① [美]Carol D. Tamparo & Wilburta Q. Lindh. *Therapeutic Communications for Health Care (Third Edition)* [M]. Delmar, Cengage Learning, 2007.

建构"创造了良好的条件。

此外，尽可能采用活动式教学、抛锚式教学、游戏式教学等多种教学方法，促进生生、师生之间开展有效的对话和交流，这样可以给学生提供理解知识的机会。抛锚式教学是使学生学会独立识别问题、提出问题和解决问题的一种十分有效的途径。例如，在学习"临终老人沟通"这一节中，教师先提出一个命题：假如你的生命只剩下 3 天时间，你将做些什么？让学生充分思考临终老人的需求，进而讨论人生的价值和审视生命关怀的意义。通过实施多种教学方法，在促进学生主动探索与思考中达成意义的主动建构，在组织小组成员开展互动交流中提高学生的动手能力与解决实际问题能力①。

表 22 　　　　　　　　"老年服务沟通"课程情境教学设计

模块	教 学 内 容	任务及情境
人际沟通技巧	校内生活沟通基本技巧	认识自我：我是谁？ 检视自己的沟通能力：练习自我介绍、介绍他人，互相评价
	社会生活沟通基本技巧	就业面试：练习倾听和正确表达的技巧 到老师家去做客：非语言沟通技巧的训练，练习提出想法并调整话题 电子媒体沟通
	与老人沟通基本技巧	与健康老人沟通，感受老年人的需求 在养老机构接待厅接待前来咨询的老人及家属
接待老人沟通	入院咨询老人的接待沟通	认识老年人的问题与需求 掌握老年服务工作礼仪
	入住老人的接待沟通	问候老人，指导入院，取得老人信任 服务工作流程沟通
	拜访居家老人的沟通	见面拜访：事前准备，电话预约，过程沟通

---

① Sanchez-Reilly SE, Wittenberg-Lyles EM, Villagran MM. *Using a Pilot Curriculum in Geriatric Palliative Care to Improve Communication Skills Among Medical Students* [J]. American Journal of Hospice and Palliative Care, 2007, 24(2)：131-136.

续表

模块	教 学 内 容	任务及情境
团队工作沟通	组建团队	组建高效率的工作团队 正确评价自己和别人
	老年服务工作沟通	下达命令、向上级报告 处理护患关系 解决交往矛盾
	会议沟通	晨会模拟：照护工作交接班
老人照护沟通	治疗性沟通	老人入院指导 药物治疗、照护操作沟通 老人出院指导 照护记录、交接班记录的书写
	与特殊病人沟通	与慢性病老人及其家属的沟通 与老年痴呆症患者及其家属的沟通
	冲突情境下的沟通	护患纠纷的处理
	与临终老人沟通	虚拟体验死亡 与临终老人及其家属沟通
	多元文化背景下沟通	与不同国家、民族的老人沟通

（四）实施过程性评价方式

为充分考虑课程实施的情境和结果，我们将考核评价的主体由单纯的教师转变为学生、班主任、家长等与教师共同参与，这样既强调了以学生为中心，也有利于教师、学生不断地对教育活动和学习活动进行反思，进行自我调控、自我完善、自我修正，从而提高教育质量和效率。考核评价方式采用以角色扮演、专题训练、平时表现、学习态度、作业和专题报告(口头或书面，社会实践、课程总结等)为主的过程性评价，对学生进行各种沟通技巧的训练，并促进学生合作学习、自主发展，重视考核学生主动性的发挥，着力培养解决老年服务工作中实际问题的能力以及创新能力。

四、课程开发的效果

对我院两个年级的学生(高年级未修该课程,低年级学习了该课程)在顶岗实习中的表现进行调查时显示,低年级学生的入岗适应期明显缩短,与工作团队的合作、与服务对象的沟通能力有明显改善。通过老年服务沟通课程开发的实践,教师和学生都有明显收获。教师从灌输者转变为指导者和帮助者,改变了以往从头讲到尾的状态,有了更多时间深入体察学生的学习情况;同学之间的探讨、师生之间的互动,让学生真正成为课堂的主体。所有的情境都是从学生的角度出发,并针对老年服务实际工作设计,学生既增强了专业认知,也获得了契合自身实际的体验感,学生很乐意实践,并能提出许多具体的问题,也能在老师帮助和同学合作下解决,充分发挥了能动性、增强了自信心、养成了良好的职业素养。

五、讨　　论

目前,国内大多数高等医学院校开设了医患沟通类的课程,但是毕业生在上岗时仍然表现出诸多不适应问题①。我们在调研中发现,尤其是老年医院、养老院等机构聘用的医护人员,竟有相当数量的离职原因是与服务对象沟通不良。究其原因,相关人际沟通课程在开设的过程中缺乏良好的教学设计与规范的实践教学;另外,学生知道怎样有效沟通还远远不等于在实践中能够与老年患者进行有效的交流与沟通。

有鉴于此,在老年服务沟通这门课程开发的操作实践中,我们运用建构主义理论,在多种方式构建的真实情境中开展大量练习,促进了学生主动建构知识意义,既培养了学生的专业知识与技能,也充分发挥了学生的积极性,促进了学生应用能力的培养和创造性思维的发展。这对于为老服务类岗位群所必需"软技

---

① 王睿. 美国两所医学院医患沟通课程初探[J]. 新课程研究:高等教育, 2013 (2): 181-184.

能"的养成与发展，提供了良好的借鉴。随着对建构主义的认识深入，未来还需要进一步践行情境教学，在校内课程中拓展虚拟情境教学设计，积累并检验课程开发的实践经验，同时在评价研究中增加毕业生在就业岗位上提供为老服务的工作能力、职业发展能力等，从而为课程开发提供更多的科学依据。

（原载《北京劳动保障职业学院学报》2013 年第 4 期）

运用 5E 教学模式的综合实践课程改革

——社区居家失能老年人照护需求调研分析

一、引　言

截至 2022 年年底，北京市 60 岁以上老年人口已达 465 万，占常住人口的 21.3%，每年新增约 18 万老年人。① 随着人口老龄化加速，城市养老服务体系面临巨大挑战，尤其是社区居家养老需求的快速增长。尽管北京市备案养老机构共有 571 家，但其入住率仅为 38.4%。数据显示，99% 的老年人选择居家养老，其中 90% 以上的重度失能失智老年人也选择居家养老。② 为更好地服务老年群体，党的二十大提出，要实施应对人口老龄化的国家战略，推动养老事业与养老产业协同发展，完善社区居家养老服务网络。如何为这些居家失能失智老年人群体提供有效照护，已成为北京市养老工作的核心难题。

为应对这一挑战，北京劳动保障职业学院在 2023 年劳动教育实践周期间，开设了一门基于 5E 教学模式的综合实践课程。学校通过设立两周的劳动教育实践周，为该课程提供了时间框架和实践支持；学生则通过参与生产性劳动、服务性劳动和社区调研等活动，切实提升了职业认同感和动手能力。在实际调研和分

---

① 北京市老龄工作委员会办公室等. 北京市老龄事业发展报告（2022）[EB/OL]. (2023-10-23) [2024-02-14]. https://wjw. beijing. gov. cn/wjwh/ztzl/lnr/lljkzc/lllnfzbg/202310/P020231023507927451629.pdf.

② 北京市委社会工委市民政局. 北京市创新居家养老服务模式的探索与实践[C]. 第一届北京养老服务行业发展四季青论坛，2023 年 5 月 24 日.

析的过程中，学生能深入理解社区居家失能老年人的照护需求，并将理论知识与实际问题解决紧密结合。该课程特别强调学生的自主学习与团队合作，通过调研、数据分析、照护方案设计等环节，帮助学生培养实践能力和创新思维，也为他们未来的职业发展打下坚实的基础。同时，课程改革紧密结合了《中共中央、国务院关于全面加强新时代大中小学劳动教育的意见》和《大中小学劳动教育指导纲要(试行)》文件精神，旨在通过劳动实践活动提升学生的社会责任感和实际操作能力，推动职业教育的课程创新，培养符合社会需求的高素质养老服务人才。[1][2]

二、5E 教学模式概述

5E 教学模式是 20 世纪 80 年代以来由美国科学教育家罗杰·拜比提出的，是基于建构主义理论的一种强调学生自主探究和深度学习的教学方法。该模式包含五个阶段：激发兴趣(Engage)、探索(Explore)、解释(Explain)、拓展(Elaborate)和评估(Evaluate)。每个阶段都通过逐步引导学生在实际问题中构建知识和理解，帮助他们将理论与实践紧密结合。[3] 激发兴趣阶段通过引发学生的兴趣和好奇心，将他们引入问题情境；探索阶段鼓励学生自主探索并提出问题；解释阶段帮助学生理清所学知识与实际问题之间的关系；拓展阶段推动学生进一步应用和拓展所学知识；评估阶段通过多元化的评估方式，帮助学生反思和总结整个学习过程。

5E 教学模式在全球范围内得到了广泛的应用，特别是在科学教育领域，它成为促进学生探究式学习的重要工具。近年来，5E 教学模式逐步在我国的教育体系中得到推广，尤其在中小学的科学课程中，教师通过这一模式激发学生的学

---

① 中共中央、国务院. 关于全面加强新时代大中小学劳动教育的意见[EB/OL]. (2020-03-20)[2024-02-14]. http://www.moe.gov.cn/jyb_xxgk/moe_1777/moe_1778/202003/t20200326_435127.html.

② 中华人民共和国教育部. 大中小学劳动教育指导纲要(试行)[EB/OL]. (2020-07-09)[2024-02-14]. http://www.moe.gov.cn/srcsite/A26/jcj_kcjcgh/202007/t20200715_472808.html.

③ 吴成军，张敏. 美国生物学"5E"教学模式的内涵、实例及其本质特征[J]. 课程·教材·教法，2010，30(6)：108-112.

习兴趣，引导他们进行实验与探究，帮助他们掌握复杂的科学概念和技能。尽管在我国的教学实践中取得了一定的成效，但由于传统教学模式的影响，5E 教学模式的应用仍面临一些挑战，如学生自主探究的机会较少，教师指导过多等。①在职业教育领域，5E 教学模式适用于实践性课程，如机械、护理和养老服务等。通过 5E 模式的多阶段教学设计，学生不仅能够在实际工作情境中应用理论知识，还能够通过反思与反馈进一步提升技能。

在社区居家失能老年人照护需求不断增长的背景下，养老服务领域的复杂性要求学生不仅具备理论知识，还需通过实践掌握照护技能。本课程引入 5E 教学模式，旨在培养学生的实践能力和创新思维。该模式为学生提供了系统化的学习框架，涵盖调研、探索、设计和反馈等环节，使学生能够深入理解老年人照护需求，逐步设计出切实可行的照护方案。然后通过反复实践与反馈，学生不断修正和优化方案，最终能够在实际工作情境中有效应用和改进所学知识。

三、课程设计思路

（一）调研前期准备

本课程的调研对象为北京市东城区的居家重度失能老年人。东城区作为北京市老龄化程度最为突出的区域之一，居家失能老年人的照护需求尤为迫切，这使其成为养老服务模式创新研究的重要样本区域。为确保调研工作的顺利实施，教师团队与北京市东城区民政局建立了合作，并与当地街道社区进行了深入沟通，收集了关于失能老年人照护需求的详细信息。通过政府提供的失能老年人评估数据，随机选取了 4 个街道，每个街道确定 10 名重度失能老年人，共计 40 名老人成为本次调研的目标群体。这些老年人由社区通过北京市民政局门户网站的《老年人能力综合评估》系统进行评估和确认。

在调研前期，教师团队完成了与政府、社区的协调工作，为调研活动打下了

---

① 胡久华，高冲. 5E 教学模式在我国的教学实践及其国外研究进展评析[J]. 化学教育，2017, 38(1)：5-9.

坚实的基础。调研以定性数据为主，结合访谈、实地观察、量表填写、照片和视频记录等多种方式收集资料，确保数据全面且真实，为课程后续实践环节提供了可靠的支持。

（二）学习目标的设定

本课程旨在通过实际调研与反馈，帮助学生掌握社区居家失能老年人照护需求的评估与分析方法，提升实践操作与问题解决能力，强化自主学习与团队合作精神，培养社会责任感。通过两周的理论与实践结合，学生将在养老服务领域获得职业技能的提升。

（三）双导师制与团队协作

本课程采用双导师制，由校内导师和校外企业导师共同指导学生完成调研任务。校内导师负责专业知识的指导和学习进度的把控，校外企业导师则在实际调研中提供实践经验的分享与现场指导。这样保证了理论学习与实际操作的紧密结合，有利于帮助学生更好地理解养老服务领域中的实际需求。

同时，为了增强学生的协作能力和多样性思维，教师要求小组成员必须来自不同班级、性别、宿舍或籍贯，鼓励跨背景的团队合作。多样化的团队设置不仅提升了学生的沟通与协作能力，也促进了多角度的思维交流，丰富了问题解决方案。

（四）调研活动安排

本次调研由 2 个班级共 60 名学生参与，三人一组，每组负责调研两名老年人，共调研 40 名重度失能老年人。通过分组合作，学生不仅能深入了解不同老年人的需求，还能通过相互协作提高数据收集和分析的准确性。调研活动为期两周，涵盖了团队组建、入户访谈、数据分析、讨论、反思和汇报等环节。学生通过两次入户调研，结合访谈与实地观察，深入了解老年人的健康状况、日常生活需求及居住环境的适老化情况。每次调研后，学生进行数据分析和小组讨论，最后撰写报告并进行汇报展示。调研不仅帮助学生掌握了老年人能力评估与照护方案设计的技能，也为社区居家养老服务的优化提供了宝贵的数据支持。

四、课程实施过程

课程按照 5E 教学模式的五个阶段来实施，每个阶段都结合了养老服务领域的实践特点，通过实际调研与多次反馈，帮助学生系统掌握老年人照护的相关技能（见表 23）。具体实施过程如下：

表 23   **5E 教学模式下各教学环节的实施**

教学环节	教学目标	教师行为	学生行为
激发兴趣（Engage）	学生能够理解失能老年人居家照护需求的重要性，并产生调研兴趣	通过展示北京市东城区失能老年人照护的现状与数据，结合案例引入问题情境，激发学生对调研主题的兴趣，引导学生讨论，明确调研方向	积极参与讨论，提出对失能老年人照护需求的初步看法，明确调研问题
探索（Explore）	学生能够使用调研工具，独立完成首次现场调研，深入理解失能老年人的实际需求	提供《老年人能力评估规范》等工具，指导学生进行入户调研，其间要注意实时反馈	分组进行入户调研，通过访谈和观察收集老人健康状况、日常需求及居住环境的初步数据
解释（Explain）	学生能够分析整理调研数据，提出初步照护需求分析和方案	指导学生分析调研数据，掌握数据分析工具的使用与分析方法，组织小组讨论并指导方案撰写	整理分析数据，结合理论知识，形成初步的照护需求分析报告和方案设计，并进行小组讨论与互评
拓展（Elaborate）	学生能够根据调研反馈，修订照护方案，补充首次未收集的信息，并进一步完善方案	组织学生回访调研对象，指导学生收集反馈意见、修订方案，进一步与老人及家属探讨方案的可行性，补充遗漏的信息	回访调研对象，讨论初步方案并收集反馈，补充首次调研时遗漏的信息，进一步完善照护方案
评估（Evaluate）	学生能够总结调研过程和结果，完善方案，撰写总结报告并进行展示	组织学生撰写总结报告，安排 PPT 汇报，针对小组报告提出改进建议，帮助学生反思调研中的不足	撰写总结报告，进行 PPT 汇报，根据反馈修改报告，最终提交修订后的方案，反思调研过程中的挑战与收获

(一)激发兴趣——通过真实案例激发调研动力

设计思路：激发学生对失能老年人居家照护问题的兴趣，理解调研的社会意义和现实需求。

实施过程：教师通过展示北京市东城区失能老年人照护现状的数据和案例，引导学生思考当前的社会问题，并采用引导性提问方式，鼓励学生讨论老年人在居家照护中遇到的困难，以及社区服务所需的支持，激发学生的调研兴趣。为了进一步深化学生的认知，教师还安排学生在宿舍间进行跨小组讨论。由于每位学生调研的对象不同，跨小组交流可以丰富学生对问题的理解，并为后续调研提供更多的思考角度。

(二)探索实践——深入调研，掌握数据收集技巧

设计思路：让学生通过实际调研掌握收集数据和评估老年人需求的技能。

实施过程：教师安排了两次入户调研活动。学生在企业导师的指导下，深入东城区的 4 个街道，对 40 名重度失能老年人进行评估和调研，具体涵盖以下内容：

(1)入户评估：按照《老年人能力评估规范》和《老年人能力综合评估规范》标准，学生对老年人的健康状况、日常需求和居住环境进行了全面评估，并应用了适合的评估方法。

(2)康复计划设计：根据评估结果，并结合老人及其家庭的具体需求，学生为老人制定了个性化的康复计划，设计了康复方案。

(3)适老化设计改造方案：学生观察了老年人的居住环境，并通过与老人及其家属的沟通，设计了符合老人需求的适老化改造方案，提出了无障碍设施改造、家具布局调整等建议。

(4)社区适老化改造调研：学生对老年人所居住的社区进行了调研，观察老旧小区的适老化情况，并提出了增加无障碍通道、电梯等改造建议。

(三)解析洞见——从数据中找寻个性化需求

设计思路：引导学生分析和解释调研数据，理解数据与照护需求之间的联

系，撰写初步的照护方案并优化。

实施过程：学生在企业导师的指导下，将首次调研所得的数据进行整理和分析。通过小组讨论，学生们分析了老年人的健康状况和日常需求，并结合入户评估的结果，撰写了照护方案。在讨论过程中，学生认识到每位老人情况的独特性，探讨了如何根据不同的需求设计出更灵活的方案。校外导师和企业导师提供了反馈，帮助学生进一步优化了方案。通过这一阶段的讨论与反馈，学生能够对照护方案进行初步优化，并加深对老年人照护需求的理解。

（四）持续精进——通过回访修订与完善调研结果

设计思路：通过回访，进一步修订和完善调研结果，并根据反馈优化照护方案。

实施过程：学生在企业导师的带领下进行了第二次调研并进行回访。此次回访的重点是收集对第一次调研后设计的照护方案的反馈，并据此对方案进行修订。学生在回访中不仅进一步确认了老年人的需求，还补充了第一次调研中遗漏的信息，如老年人的生活细节和适老化改造的需求。回访结束后，学生将所收集的反馈数据整合进原有的照护方案中，进一步提升了方案的可行性和针对性。教师在这一过程中也会提供指导，确保学生能够根据实际反馈信息对方案进行有效修订。

（五）评估反思——展示成果并总结经验教训

设计思路：通过汇报和反思，帮助学生总结调研过程中的经验和不足，并展示最终成果。

实施过程：学生在教师指导下撰写总结报告并准备 PPT 汇报。汇报时，邀请优秀毕业生、校外导师和校内教师共同参与点评。每组学生展示调研成果，涵盖照护方案设计思路、数据分析、方案实施与修订等内容。导师们针对各组的优点与不足提供详细的改进建议。学生再根据反馈，修改总结报告并提交最终方案。在教师组织的反思环节中，学生总结了调研过程中的挑战与收获，反思数据收集、方案设计、沟通反馈等方面的经验教训，从中发现自身的成长与未来改进的方向。

五、课 程 成 效

在本课程的实施过程中，通过运用 5E 教学模式，学生在养老服务领域的实践能力、问题解决能力、团队合作精神和社会责任感都得到了显著提升。以下是课程实施所取得的具体成效：

(一)实践能力的提升

通过两次调研和持续的反馈与修订，学生能够将理论知识应用于解决实际问题，尤其是在老年人能力评估和照护方案设计方面，掌握了更具针对性的技能。例如，"桐花骏马"小组在调研中，通过实地访谈和对老人能力的评估，结合康复知识和适老化设计，提出了一系列康复理疗、适老化改造建议，并参与打扫老人的居家环境。实践经历表明，学生能够独立完成老年人照护需求的评估、数据收集和分析，并设计出符合老人个体需求的照护方案。这为他们未来在养老服务行业中的职业发展奠定了坚实的基础。

学生反思 1：我今天的反思是，有一些问题没有提出来，由于第一次调研显得有些慌乱，担心说错话，没有询问与抑郁相关的问题。现在回想起来，完全可以通过更委婉的方式询问，如"最近心情如何"之类的问题。下次调研时，我会更好地准备。

学生反思 2：在调研过程中，我们对老人的血糖血脂管理特别关注，并引入了专家建议。通过合理的膳食安排和康复训练，老人不仅恢复了行动能力，血糖和血压也得到了显著改善。这个过程让我意识到，个性化的照护方案能够极大改善老人的生活质量。

学生反思 3：通过这次调研，我了解到了失能老人的生活存在诸多困难，尤其是刘奶奶的妹妹作为唯一的照护者，不仅要照顾刘奶奶的日常生活，还自学中医帮她进行康复治疗。这让我意识到，照护技能不仅局限于书本知识，还需要从实际操作中学习。

(二)团队合作与创新能力

课程特别强调学生的自主学习和团队合作精神。通过跨班级、跨性别、跨宿舍的小组结构，学生在多样化的团队中发挥各自的优势，触发了创新思维的碰撞。"桐花骏马"小组在调研中的分工合作，根据小组成员的性格特点和专业领域分工，各自承担任务，并有效配合完成调研任务。这种协作模式不仅增强了团队合作精神，还促使学生在面对问题时能够提出创新的解决方案。

学生反思 4：我们团队分工明确，各自负责不同的任务。通过紧密合作，充分发挥了每个人的专长和优势。例如，在进行社区调研时，我负责与家属沟通，另一位同学则专注于健康评估。团队的协作帮助我们顺利完成了调研工作，并提出了更符合实际需求的方案。

学生反思 5：在调研时，我发现团队合作非常关键，尤其是在面对复杂问题时，每个人的专长都发挥了重要作用。我们一起讨论并优化了适老化改造方案，使得方案更加全面。通过这次调研，我学会了如何在团队中贡献自己的力量，同时也认识到创新思维和合作对于解决实际问题的重要性。

学生反思 6：在团队合作中，我学到了如何充分发挥不同成员的专长，提出更有深度的方案。尤其是在康复和饮食设计上，我们结合不同的专业建议，为老人提供了更加个性化的护理建议。

(三)社会责任感的培养

通过与社区失能老年人的接触，学生更深入地了解了老年群体的实际需求和挑战，增强了他们对老年人群体的同理心和社会责任感。"桐花骏马"小组在调研过程中，不仅关注老人的健康评估，还主动帮助老人清洁居住环境，并在回访时与老人及其家属保持沟通，确保方案的实施与改进。这些实际行动展示了学生对社会服务的深刻理解与责任感，有助于他们从社会服务角度思考未来的职业方向。

学生反思7：今天去社区与老人们沟通，我非常开心。老人的笑容让我明白，他们渴望关怀和交流。通过这次调研，我意识到我们应该用实际行动告诉老人，他们仍然是社会中的重要一员，社会需要他们。

学生反思8：走访社区让我感受到与老年人交流可以学到很多，老年人的经验和智慧非常宝贵。社区服务提升了我的社会适应能力和社会责任感，使我对自己的职业有了更清醒的认识。

学生反思9：通过与老人和家属的接触，我认识到照护不仅是身体上的支持，还需要心理上的关怀。这次调研让我学会了如何用关爱与尊重帮助老人提升生活质量。

（四）教师的角色与支持

教师在整个课程中的主导作用较为显著，不仅为调研前的准备和规划奠定了坚实的基础，还在调研过程中全程给予学生指导与反馈。例如，教师在调研前安排了详细的评估标准，指导学生熟悉《老年人能力评估规范》并提供专业建议。此外，企业导师的加入进一步提升了课程的专业性和实践深度，让学生在实践中得到了来自行业的实际经验和指导。

学生反思10：教师和导师们在调研前为我们提供了详细的指导，帮助我们熟悉《老年人能力评估规范》。在调研过程中，我感受到刘奶奶妹妹的坚持和不懈努力，她自己配药并照顾姐姐，真的很伟大。通过教师的指导，我在调研中得到了很多启发。

学生反思11：在走访过程中，我看到张奶奶的女儿对张奶奶无微不至的照顾，我对自己选择养老服务专业的意识更加坚定。这次实践让我明白，健康对于老年人是多么珍贵，而我们作为护理人员，肩负着帮助他们获得更好生活质量的责任。

学生反思12：老师给我们提供了非常有价值的指导，尤其是在如何正确进行健康评估和如何与老人家属沟通方面，帮助我们在调研过程中增强信心并能应对不同的挑战。

六、结　　语

　　本课程在劳动教育实践周期间开展，结合 5E 教学模式的系统化设计，帮助学生深入社区，实际接触养老服务中的核心问题。通过多次反馈与修订，学生逐步掌握了社区居家失能老年人照护需求的评估与照护方案设计，提升了社会责任感和职业认同感。在企业导师和校外导师的指导下，学生获得了宝贵的实际工作经验，进一步加深了对养老服务领域的理解。5E 教学模式的反思与反馈机制促使学生在多次实践中不断完善自己的方案，最终能够在真实工作情境中有效应用和优化所学知识。这一模式不仅提高了学生的自主学习能力和团队协作精神，还增强了他们应对复杂照护需求的应变能力和创新思维。

　　通过本课程的实施，学生在专业知识和技能上取得了显著进步，并在与社区和社会的互动中进一步强化了对老年人群体的关爱和责任感。这种基于 5E 教学模式的实践课程，不仅为学生提供了宝贵的实践经验，还为职业教育课程的创新与改革提供了重要的参考。未来可以进一步优化调研时长和技术应用，以增强课程的灵活性和实效性。

参 考 文 献

1. 民政部. 2022 年度国家老龄事业发展公报［EB/OL］.（2023-12-14）［2024-02-14］. https：//www. mca. gov. cn/n152/n165/c1662004999979996614/attr/315138. pdf.

2. United Nations. World Population Prospects 2022［EB/OL］.（2024-02-14）［2024-02-14］. https：//population.un.org/wpp/.

3. 国家卫生健康委员会. 十四五健康老龄化规划，国卫老龄发［2022］4 号［EB/OL］.（2022-02-07）［2024-02-14］. http：//www. nhc. gov. cn/lljks/pqt/202203/c51403dce9f24f5882abe13962732919. shtml.

4. 党俊武、王莉莉主编. 中国老龄产业发展报告（2021—2022）［M］. 北京：社会科学文献出版社，2023.

5. Yanan L, Binbin S, Xiaoying Z. Trends and Challenges for Population and Health During Population Aging-China, 2015-2050［J］. China CDC Weekly, 2021, 3（28）：593-598.

6. Yang Y, Du Z, Liu Y, Lao J, Sun X, Tang F. Disability and the Risk of Subsequent Mortality in Elderly：A 12-year Longitudinal Population-based Study［J］. BMC Geriatrics, 2021, 21（1）：662.

7. 汪连杰. 失能老年人长期护理的需求规模评估、费用测算与经济效应预测［J］. 残疾人研究，2021（1）：39-50.

8. 中国民政统计年鉴（2021）［M］. 北京：中国社会出版社，2021.

9. 北京泰康溢彩公益基金会等. 长寿时代中国养老机构高质量发展研究报告［EB/OL］. 2022 年 11 月.（2024-02-14）. https：//mp. weixin. qq. com/s/RaxMGybuhtmjyDnt1K5-Ng.

10. 中国老龄科学研究中心, 新疆兵团养老行业协会. 养老服务人才状况调查报告 [EB/OL]. 2023 年 4 月. (2024-02-14) http://www.crca.cn/images/2023-4.pdf.

11. 安超, 王杰秀. 老年照护人才队伍建设: 在新机遇中寻求新突破[J]. 社会政策研究, 2022(1): 3-19.

12. 国务院. 国家积极应对人口老龄化中长期规划[EB/OL]. (2019-11-21)[2024-02-14]. https://www.gov.cn/xinwen/2019-11/21/content_5454347.htm.

13. 国务院. 关于推进基本养老服务体系建设的意见[EB/OL]. (2023-05-21)[2024-02-14]. https://www.gov.cn/gongbao/2023/issue_10506/202306/content_6885267.html.

14. 国务院办公厅. 关于发展银发经济增进老年人福祉的意见(国办发〔2024〕1号)[EB/OL]. (2024-01-15)[2024-02-14]. https://www.gov.cn/gongbao/2024/issue_11126/202401/content_6928803.html.

15. 国务院. "十四五"国家老龄事业发展和养老服务体系规划[EB/OL]. (2022-02-21)[2024-02-14]. https://www.gov.cn/zhengce/zhengceku/2022-02/21/content_5674844.htm.

16. 民政部、国家发展改革委、教育部、财政部、人力资源和社会保障部、住房城乡建设部、农业农村部、商务部、国家卫生健康委、市场监管总局、税务总局、全国老龄办. 关于加强养老服务人才队伍建设的意见[EB/OL]. (2024-01-29)[2024-02-14]. https://www.gov.cn/zhengce/zhengceku/202401/content_6929136.htm.

17. 国务院. 国家职业教育改革实施方案(国发〔2019〕4号)[EB/OL]. (2019-01-24)[2024-02-14]. https://www.gov.cn/gongbao/content/2019/content_5368517.htm.

18. 朱德全, 石献记. 从层次到类型: 中国职业教育发展百年[J]. 西南大学学报(社会科学版), 2021, 47(2): 103-117, 228.

19. 全国人民代表大会常务委员会. 中华人民共和国职业教育法(2022 年修订)[EB/OL]. [2024-02-14]. https://www.gov.cn/xinwen/2022-04/21/content_5686375.htm.

20. 中共中央办公厅、国务院办公厅. 关于深化现代职业教育体系建设改革的意见［EB/OL］.［2024-02-14］. 国务院公报，2023 年第 1 号. https：//www.gov.
cn/gongbao/content/2023/content_5736711.htm.

21. 教育部、发展改革委、财政部、人力资源和社会保障部. 深化新时代职业教
育"双师型"教师队伍建设改革实施方案（教师〔2019〕6 号）［EB/OL］.（2019-
09-23）［2024-02-14］. http：//www. moe. gov. cn/srcsite/A10/s7034/201910/
t20191016_403867.html.

22. 教育部、财政部. 关于实施职业院校教师素质提高计划（2021—2025 年）的通
知（教师函〔2021〕6 号）［EB/OL］.（2021-08-24）［2024-02-14］. http：//www.
moe.gov.cn/srcsite/A10/s7034/202108/t20210817_551814.html.

23. 教育部、财政部、人力资源和社会保障部、国务院国资委. 职业学校兼职教
师管理办法（教师〔2023〕9 号）［EB/OL］.（2023-10-11）［2024-02-14］. http：//
www.moe.gov.cn/srcsite/A10/s7151/202310/t20231030_1088124.html.

24. 辛雨，唐瑗彬，徐冉. 我国职业院校"双师型"教师队伍建设的关键问题、推
进困境及解决对策［J］. 高等职业教育探索，2023，22（4）：17-23.

25. 教育部、国务院国有资产监督管理委员会、国家发展和改革委员会、工业和
信息化部、财政部、人力资源和社会保障部、国家税务总局. 职业学校教师
企业实践规定（教师〔2016〕3 号）［EB/OL］.（2016-05-13）［2024-02-14］.
http：//www.moe.gov.cn/srcsite/A10/s7011/201605/t20160530_246885.html.

26. 教育部办公厅. 全国职业教育教师企业实践基地管理办法（试行）（教师厅
〔2023〕4 号）［EB/OL］.（2023-12-20）［2024-02-14］. http：//www.moe.gov.cn/
srcsite/A10/s7034/202312/t20231229_1096641.html.

27. 教育部办公厅. 国家级职业教育教师和校长培训基地管理办法（试行）（教师
厅〔2023〕5 号）［EB/OL］.（2023-12-20）［2024-02-14］. http：//www. moe. gov.
cn/srcsite/A10/s7034/202312/t20231229_1096642.html.

28. 文爱民，郭兆松，朱素阳. 产教融合视域下高职院校"1+N"教师发展中心模
式的创新研究［J］. 滁州职业技术学院学报，2023，22（4）：1-6.

29. 北京社会管理职业学院、北京劳动保障职业学院、中国成人教育协会老年教
育与服务专业委员会联合主持，42 所院校、54 家行业企业、3 个出版社共同
建设而成. 老年服务与管理专业教学资源库（2015～2018）. https：//zyk.icve.

com. cn/portalproject/themes/default/sz-bah6llkhbygie7u79ja/sta ＿ page/index. html？projectId＝sz-bah6llkhbygie7u79ja.

30. 教育部办公厅. 关于做好职业教育"双师型"教师认定工作的通知（教师厅〔2022〕2号）［EB/OL］.（2022-10-25）［2024-02-14］. http://www.moe.gov.cn/srcsite/A10/s7034/202210/t20221027_672715.html.

31. 曾天山，房风文，陈宏辉，等. 以高水平赛事推动职业教育高质量发展——基于2022年全国职业院校技能大赛的分析［J］. 中国职业技术教育，2024（8）：18-28.

32. 姜丽萍，贾清水. 持续提升教师教学能力——2023年全国职业院校教学能力比赛方案分析及参赛建议［J］. 中国职业技术教育，2023（35）：14-22.

33. 国家智慧教育平台网址：https://www.smartedu.cn/.

34. 教育部. 教师数字素养（教科信函〔2022〕58号）［EB/OL］.（2022-12-02）［2024-02-14］. http://www.moe.gov.cn/srcsite/A16/s3342/202302/t20230214_1044634.html.

35. 宋亚峰，闫广芬，孙善学. 中国式现代化与职业教育、高等教育、继续教育协同创新［J］. 中国职业技术教育，2023（22）：32-37.

36. 杨根来. 职业院校：为老服务人才培养的主力军［J］. 社会福利，2017（10）：26-28.

37. 屠其雷，李晶，赵红岗. 养老服务与管理行业人才需求与职业院校专业设置匹配分析研究［J］. 中国职业技术教育，2022（19）：46-54.

38. 朱旭东. 论教师专业发展的理论模型建构［J］. 教育研究，2014，35（6）：81-90.

39. NBPTS. What Teachers Should Know and Be Able to Do. https://www.accomplishedteacher.org/_files/ugd/0ac8c7_57f43403bdd649949b51d4529d8389dd.pdf.

40. 教育部. 全国职业院校教师教学创新团队建设方案（教师函〔2019〕4号）［EB/OL］.（2019-06-05）［2024-04-30］. http://www.moe.gov.cn/srcsite/A10/s7034/201906/t20190614_385804.html.

41. 中共中央办公厅、国务院办公厅. 关于推动现代职业教育高质量发展的意见

［EB/OL］．（2021-10-12）［2024-04-30］．http：//www.moe.gov.cn/jyb_xxgk/moe
_1777/moe_1778/202110/t20211012_571737.html.

42. 李贤彬，李敏，杨星焕.职业教育教师教学创新团队建设的现实困境与实施
对策［J］.教育与职业，2021（19）：94-98.

43. 李国成，徐国庆.高职院校高水平结构化教师教学创新团队建设研究［J］.职
教论坛，2021，37（3）：86-89，94.

44. 谢宾.共生理论视域下高职教师教学创新团队建设的问题与策略［J］.教育与
职业，2022（19）：65-71.

45. 中共中央办公厅 国务院办公厅.《关于深化现代职业教育体系建设改革的意
见》［EB/OL］.国务院公报 2023 年 1 号.（2022-12-21）.https：//www.gov.cn/
gongbao/content/2023/content_5736711.htm.

46. "养老·家政"专业领域协作共同体网站.https：//org.ttcdw.cn/57199277
5762006016/.

47. 教育部、中央组织部、中央宣传部、国家发展改革委、财政部、人力资源和
社会保障部.关于加强高等学校青年教师队伍建设的意见（教师〔2012〕10 号）
［EB/OL］.（2012-11-08）［2024-02-14］.http：//www.moe.gov.cn/srcsite/A10/
s7034/201211/t20121108_145681.html.

48. 刘辰，鲍真真，王鑫禹，等.高职院校教师发展中心建设研究：现状、功能
定位与建设路径［J］.学周刊，2022（17）：8-10.

49. NBPTS. Career and Technical Education Standards（Second Edition）［EB/OL］.
［2024-02-14］.https：//www.nbpts.org/wp-content/uploads/2021/09/EAYA-CTE.
pdf.

50. 陈德云.美国 NBPTS 职业技术教育优秀教师专业标准的新发展［J］.全球教育
展望，2016，45（3）：90-99.

51. 李贺伟.高等职业教育教师专业发展的国际研究——以德国为例［C］//辽宁
省高等教育学会 2013 年学术年会暨第四届中青年学者论坛论文摘要集，
2013：40.

52. 李阳，闫静.德国职业教育新教师专业教学能力培养分析［J］.中国职业技术
教育，2021（33）：74-81.

53. KMK. Standards für die Lehrerbildung：Bildungswissenschaften. 2014：7-14.

54. 姜大源. 当代德国职业教育主流教学思想研究[M]. 北京：清华大学出版社，2007.

55. 国家中长期教育改革和发展规划纲要工作小组办公室. 国家中长期教育改革和发展规划纲要（2010-2020 年）[EB/OL].（2010-07-29）[2024-02-14]. https://www.moe.gov.cn/srcsite/A01/s7048/201007/t20100729_171904.html.

56. 国务院. 关于"国务院关于加强教师队伍建设的意见"（国发〔2012〕41 号）[EB/OL].（2012-08-20）[2024-02-14]. https://www.moe.gov.cn/jyb_xxgk/moe_1777/moe_1778/201209/t20120907_141772.html.

57. 谢莉花，陈慧梅. 新时代职业教育教师队伍的双师"结构+素质"建设——基于德国经验[J]. 山西师大学报(社会科学版)，2021，48(2)：105-111.

58. 胡维芳，闫智勇，陆菲菲. 高等职业教育教师专业素质现状调查[J]. 职业技术教育，2019，40(11)：59-63.

59. 杨爽. 高职青年教师职业发展观的质性研究[J]. 职教论坛，2020，36(12)：93-103.

60. 张伟，张芳，李玲俐. "1+X"证书制度下职业院校教师专业发展研究[J]. 职教论坛，2020(1)：94-97.

61. 聂伟进. "双高计划"背景下高职教师专业发展：机遇、困境与突围[J]. 中国职业技术教育，2021(10)：58-63.

62. 薛亚平，周杰，李建荣. 提质培优行动计划背景下高职教师专业发展路径探析[J]. 重庆电力高等专科学校学报，2022，27(5)：67-69，78.

63. 杨扬. "互联网+"背景下高职教师核心素养提升方法研究[J]. 创新创业理论研究与实践，2022，5(20)：61-63.

64. 冯朝军. "双高"背景下高职教师科研能力提升的策略研究[J]. 职教发展研究，2022(3)：57-62.

65. Mishra P, Koehler M J. Technological Pedagogical Content Knowledge：A Framework for Teacher Knowledge[J]. Teachers College Record，2006，108(6)：1017-1054.

66. Kaye, B., & Jordan-Evans, S. Your Career Plan[J]. New York, NY：Harper

Business，2005，pp. 14-19.

67. 朱旭东. 论教师专业发展的理论模型建构［J］. 教育研究，2014，35（6）：81-90.

68. 北京市人民政府. 关于加快发展现代职业教育的实施意见（京政发〔2015〕57号）［EB/OL］.（2015-12-09）［2024-02-14］. https：//www. beijing. gov. cn/zhengce/zfwj/zfwj2016/szfwj/201905/t20190522_58781.html.

69. 王春燕. 我国职业教育中高本衔接现状分析与策略研究［J］. 中国职业技术教育，2016（27）：24-26.

70. 教育部. 关于公布 2019 年度普通高等学校本科专业备案和审批结果的通知（教高函〔2020〕2 号）［EB/OL］.（2020-03-03）［2024-02-14］. http：//www.moe. gov.cn/srcsite/A08/moe_1034/s4930/202003/t20200303_426853.html.

71. 教育部. 职业教育专业简介（2022 年修订）［EB/OL］.［2024-04-30］. http：//www.moe. gov. cn/s78/A07/zcs_ztzl/2017_zt06/17zt06_bznr/bznr_zdzyxxzyml/?eqid=e34ba214000375aa000000066497ebd0.

72. 民政部、国家发展改革委、教育部、财政部、人力资源和社会保障部、住房城乡建设部、农业农村部、商务部、国家卫生健康委、市场监管总局、税务总局、全国老龄办. 关于加强养老服务人才队伍建设的意见［EB/OL］.（2024-01-29）［2024-04-30］. https：//xxgk. mca. gov. cn：8445/gdnps/pc/content. jsp?mtype=1&id=1662004999979997468.

73. 王勇，王振. 中高本贯通培养的产教融合进路与优化研究［J］. 北京财贸职业学院学报，2024，40（1）：54-57.

74. 刘磊. 我国职业教育贯通培养的实践审思［J］. 苏州大学学报（教育科学版），2023，11（2）：71-79.

75. 李坤宏. 类型教育视域下职业教育人才贯通培养的原则、问题及路径［J］. 教育与职业，2022（2）：13-20.

76. 石玉峰. 人力资源管理专业中高本一体化人才培养模式研究［J］. 职业教育，2023，22（28）：7-12.

77. 刘秋颖，苏彦捷. 初次就业个体的职业认同获得及其相关因素［J］. 北京大学学报（自然科学版），2007（2）：257-264.

78. 袁丽丽. 大学生职业同一性的测量及干预研究[D]. 南京师范大学，2008.

79. 李珺. 老年社会工作者职业认同影响因素及应对策略[J]. 新西部（理论版），2016（3）：9-10.

80. 郑亚楠，胡雯，龚茜. 免费医学生职业认同问卷的编制与信效度检验[J]. 现代预防医学，2018，45（21）：39.

81. 刘志敏. 高职院校老服专业学生职业心理素质培养探析[J]. 江苏经贸职业技术学院学报，2016（3）：86-89.

82. 樊敏，周英霞，孙玉梅. 军队医院老年病房护士职业认同感及其相关因素分析[J]. 解放军护理杂志，2011，28（3）：9-11，23.

83. 张燕，刘云东. 职业院校男护生专业认同状况调查分析[J]. 广西中医药大学学报，2015（4）：129-132.

84. 张何勇，田云，郑艳. 湖北省男护职业认同现状及其与自我评价、社会支持的相关性分析[J]. 湖北医药学院学报，2018，37（5）：464-468.

85. 王雄伟. 医学生职业认同现状与影响因素研究[J]. 中国社会医学杂志，2018，35（5）：495-498.

86. 菲利克斯·劳耐尔等主编. 国际职业教育科学研究手册（下册）[M]. 赵志群等译. 北京：北京师范大学出版社，2017：142.

87. 狄建明，郭荔，张丹阳. 持续推进京津冀职业教育人才培养协同发展[J]. 中国职业技术教育，2018（16）：45-49.

88. 郑明璐. 浅析世赛健康与社会照护项目参赛选手的选拔与培养[J]. 科技经济导刊，2020，28（15）：229.

89. 李杰，郭达，张瑞，陈晓曦. 以世界技能大赛推动职业院校专业教学改革的路径探析——基于世界技能大赛技术文件的分析[J]. 职业技术教育，2018，39（28）：22-27.

90. 代丽丽. 跪地救人女孩是名养老护理专家[N]. 北京晚报，2022-09-24. https://bjrbdzb.bjd.com.cn/bjwb/mobile/2022/20220924/20220924_006/content_2022 0924 _006_2.htm # page5？digital：newspaperBjrb：AP632e9169e4b0fe43f0dc1edc.

91. 马丽萍.《老年人能力评估规范》国家标准出台 以标准体系建设助推养老服务

高质量发展［J］. 中国社会工作，2023(5)：28，30.

92. 《老年人能力评估规范》国家标准解读［J］. 中国民政，2023(2)：41-42.

93. 《老年人能力评估》国家级职业教育精品在线开放课程网址：https://www.xueyinonline.com/detail/242325629.

94. 陈永伟，李文蓉，庄佳强. 职业成长与工作满意度：研究述评与展望［J］. 科技和产业，2021，21(10)：175-185.

95. 谈玲芳. 北京市养老服务专业人才的职业认同调查研究［J］. 北京劳动保障职业学院学报，2019，13(1)：33-36.

96. GB/T 42195-2022，老年人能力评估规范［S］.

97. 老年人能力评估师国家职业技能标准（2020 年版）（2020-11-23）http://files.anshan. gov. cn/files/ueditor/XYXZF/jsp/upload/file/20211123/16376519613480 12109.pdf.

98. 老年人能力评估师国家职业技能标准（2023 年版）（2024-4-30）http://biaozhun.osta.org.cn/pdfview.html? code=628.

99. 李洪君. 教师的课程观研究综述［J］. 科教导刊，2013(11)：45-46.

100. 艾兴. 建构主义课程研究［D］. 重庆：西南大学，2007.

101. 戴士弘. 职教院校整体教改［M］. 北京：清华大学出版社，2012.

102. 李亦菲，朱小蔓. 新课程三维目标整合的 KAPO 模型［J］. 天津师范大学学报（基础教育版），2010，11(1)：1-10.

103. ［美］Carol D. Tamparo & Wilburta Q. Lindh. *Therapeutic Communications for Health Care(Third Edition)*［M］. Delmar，Cengage Learning. 2007.

104. Sanchez-Reilly SE, Wittenberg-Lyles EM, Villagran MM. *Using a Pilot Curriculum in Geriatric Palliative Care to Improve Communication Skills Among Medical Students*［J］. American Journal of Hospice and Palliative Care. 2007，24(2)：131-136.

105. 王睿. 美国两所医学院医患沟通课程初探［J］. 新课程研究：高等教育，2013(2)：181-184.

附　　录

附录一　养老服务职业院校教师发展状况调查

亲爱的教师同仁：

您好!

为了了解养老服务领域"双师型"教师发展状况，以便有针对性地提出有益的建议，开展公益培训，现面向开设老年服务与管理、老年保健与管理、护理专业的职业院校教师开展本次线上调研，希望得到您的支持。

本问卷采用不记名形式，填答需要 5~8 分钟，所得数据仅为本次研究所用。请您打开二维码长按识别二维码/打开网址，直接填写并提交即可。

非常感谢您的支持!

北京劳动保障职业学院养老服务教师发展中心

一、基本情况

1. 您的性别：[单选题]

　　○A. 男　　　　　　　○B. 女

2. 您的出生年份：＿＿＿＿＿＿＿＿年[填空题]

3. 您的出生地：＿＿＿＿＿＿＿省（区、市）＿＿＿＿＿＿＿市（地、州、盟）＿＿＿＿＿＿＿县（市、区、旗）[填空题]

4. 您目前的工作院校是[单选题]

　　○长沙民政职业技术学院

　　○滨州职业学院

　　○聊城职业技术学院

　　○岳阳职业技术学院

　　○北京社会管理职业学院

　　○天津医学高等专科学校

　　○长春医学高等专科学校

　　○苏州卫生职业技术学院

　　○乐山职业技术学院

　　○北京劳动保障职业学院

　　○其他院校_____

5. 您所在系/部_____，所属教研室_____[填空题]

6. 您的学校所在地区：_____省（区、市）_____市（地、州、盟）_____县（市、区、旗）[填空题]

7. 您是哪一年来当前学校工作的？_____年[填空题]

8. 您是哪一年开始参加工作的？_____年[填空题]

二、学术背景和学习经历

9. 您的第一学历：[单选题]

　　○A. 中等师范学校/中等专科学校

　　○B. 专科

　　○C. 本科

10. 您第一学历所学的专业是：_____[填空题]

11. 您的最高学历：[单选题]

　　○A. 专科

　　○B. 本科

　　○C. 硕士研究生

　　○D. 博士研究生

12. 您最高学历所学的专业是：_____[填空题]

13. 您最近一年内主讲的课程：_____，_____，_____，_____[填空题]

14. 请进一步勾选您所讲授的课程模块：[多选题]

　　□A. 生活护理

　　□B. 健康护理

　　□C. 康复护理

　　□D. 心理护理

　　□E. 社会工作

　　□F. 养生保健

　　□G. 政策法规

　　□H. 健康管理

　　□I. 服务管理

　　□J. 专业英语

　　□K. 思政类

　　□L. 其他：_____

15. 您的职称是什么？[单选题]

　　○A. 初级

　　○B. 中级

　　○C. 副高级

　　○D. 正高级

　　○E. 其他

16. 您是哪一年取得该职称的：_____年[填空题]

三、实践教学经历与能力

17. 您是否取得教师职业资格证书：[单选题]

　　○A. 是　　　　　　○B. 否

18. 您是否取得岗位相关的行业职业资格证书或者岗位能力证书(教师资格证书除外)：[单选题]

　　○A. 是，证书名称及签发单位(请填写您认为最重要的那个)：

　　　　_____

　　○B. 否

19. 您是否具有与所从事教学专业相关的行业企业工作经历：[单选题]

　　○A. 是，合计时长(月)：_____

　　○B. 否

20. 您是否参加过省级或国家级职业院校"双师型"教师培训基地组织的连续不少于4周的"双师型"教师培训？［单选题］

　　○是　　　　　　　　○否

21. 您是否取得"双师型"教师培训合格证书？［单选题］

　　○是　　　　　　　　○否

22. 您是否参加过省级及以上技能大赛？［单选题］

　　○是　　　　　　　　○否

23. 您是否获得过省级及以上技能大赛奖项？［单选题］

　　○是　　　　　　　　○否

24. 您是否取得与所从事教学专业相关的省级及以上专业技能考评员资格？［单选题］

　　○是　　　　　　　　○否

25. 您是否指导过学生参加国家级及以上技能大赛，并获得国家级三等奖及以上奖项？［单选题］

　　○是　　　　　　　　○否

26. 您是否有其他相当的、与专业实践能力密切相关的经历或应用于生产领域的专利等成果？［单选题］

　　○是　　　　　　　　○否

四、教学表现与培训

27. 您觉得相对目前的培养目标而言，各项教学能力的重要性如何？请用1~10分进行评价。1表示完全不重要，10表示十分重要。［矩阵单选题］

	1	2	3	4	5	6	7	8	9	10
A. 职业教育理念	○	○	○	○	○	○	○	○	○	○
B. 教学方法	○	○	○	○	○	○	○	○	○	○
C. 教学内容	○	○	○	○	○	○	○	○	○	○

	1	2	3	4	5	6	7	8	9	10
D. 实践技能	○	○	○	○	○	○	○	○	○	○
E. X 证书	○	○	○	○	○	○	○	○	○	○
F. 教学信息化技术	○	○	○	○	○	○	○	○	○	○

28. 您觉得相对目前的培养目标而言，您的教学能力怎么样？请用 1~10 分进行自评。1 表示完全不满意，10 表示十分满意。［矩阵单选题］

	1	2	3	4	5	6	7	8	9	10
A. 职业教育理念	○	○	○	○	○	○	○	○	○	○
B. 教学方法	○	○	○	○	○	○	○	○	○	○
C. 教学内容	○	○	○	○	○	○	○	○	○	○
D. 实践技能	○	○	○	○	○	○	○	○	○	○
E. X 证书	○	○	○	○	○	○	○	○	○	○
F. 教学信息化技术	○	○	○	○	○	○	○	○	○	○

29. 您近期是否有某方面的教学能力培训需求？请用 1~10 分进行自评。1 表示完全不需要，10 表示十分需要。［矩阵单选题］

	1	2	3	4	5	6	7	8	9	10
A. 职业教育理念	○	○	○	○	○	○	○	○	○	○
B. 教学方法	○	○	○	○	○	○	○	○	○	○
C. 教学内容	○	○	○	○	○	○	○	○	○	○
D. 实践技能	○	○	○	○	○	○	○	○	○	○
E. X 证书	○	○	○	○	○	○	○	○	○	○
F. 教学信息化技术	○	○	○	○	○	○	○	○	○	○

30. 如果近期有机会参加教学能力培训，您是否愿意参加？请用 1~10 分进行自评。1 表示完全不愿意，10 表示十分愿意。[矩阵单选题]

	1	2	3	4	5	6	7	8	9	10
A. 职业教育理念	○	○	○	○	○	○	○	○	○	○
B. 教学方法	○	○	○	○	○	○	○	○	○	○
C. 教学内容	○	○	○	○	○	○	○	○	○	○
D. 实践技能	○	○	○	○	○	○	○	○	○	○
E. X 证书	○	○	○	○	○	○	○	○	○	○
F. 教学信息化技术	○	○	○	○	○	○	○	○	○	○

31. 如果参加培训，请把您比较喜欢的培训方式填在对应的培训内容上（每项内容可勾选 1 至 3 种方式）。[矩阵单选题]

	职业教育理念	教学方法	教学内容	实践技能	X 证书	教学信息化技术
A. 与专业前沿相关的技术性培训	○	○	○	○	○	○
B. 专家学者开展专题报告	○	○	○	○	○	○
C. 与专家对话的交流性研讨培训	○	○	○	○	○	○
D. 小组研讨交流	○	○	○	○	○	○
E. 外出考察学习与座谈研讨	○	○	○	○	○	○
F. 到优秀院校、企业跟岗实践	○	○	○	○	○	○
G. 自主读书学习	○	○	○	○	○	○
H. 拓展训练	○	○	○	○	○	○
I. 导师指导或专家引领下的案例分析	○	○	○	○	○	○

	职业教育理念	教学方法	教学内容	实践技能	X 证书	教学信息化技术
J. 远程线上学习	○	○	○	○	○	○
K. 现场诊断型研修(微格式)	○	○	○	○	○	○
L. 其他	○	○	○	○	○	○

五、与教学与培训有关的客观状况

32. 一般情况下，您最近一年平均每个月的各类工作量分别约是多少学时(非课堂工作量按 50 分钟为一个学时折算；工作一天则按 8 学时计算)？授课：_____学时，备课：_____学时，教学相关文件的书写：_____学时，学生相关活动：_____学时，学生辅导员班主任工作：_____学时，教学研究：_____学时，教学相关的行政事务工作：_____学时，财务相关手续等各方面的工作：_____学时，日常培训进修：_____学时，社会服务(为社会服务或提供社会培训)：_____学时，企业实践：_____学时，学术研究：_____学时。[填空题]

六、与企业的关系

33. 据您所知，与本校有密切合作的企业有几家？[单选题]

　○0　　　　　　　○1~2　　　　　　　○3~5

　○6~10　　　　　○10 家以上

34. 具体内容一般包括教师去校方合作企业做哪些工作？最近一年平均每个月去的次数，请用 0~10 分进行自评。0 表示完全没有，10 表示经常[矩阵单选题]

	0	1	2	3	4	5	6	7	8	9	10
A. 做培训师	○	○	○	○	○	○	○	○	○	○	○
B. 指导学生	○	○	○	○	○	○	○	○	○	○	○
C. 进行实践操作	○	○	○	○	○	○	○	○	○	○	○

	0	1	2	3	4	5	6	7	8	9	10
D. 进行技能指导	○	○	○	○	○	○	○	○	○	○	○
E. 共同研发	○	○	○	○	○	○	○	○	○	○	○

35. 与您有深度合作的企业有几家？[单选题]

　○0　　　　　　○1~2　　　　　　○3~5

　○6~10　　　　○10 家以上

36.【选填】为了方便给您提供"校企命运共同体"免费的培训信息，请留下您的邮箱或电话号码[填空题]

问卷到此结束，感谢您的参与！

附录二　贯通培养就业及学习情况调查问卷

学校对智慧健康养老专业毕业生就业情况及学校学习情况开展调查，以期为今后的人才培养方案提供参考。本次调查采取不记名形式，问卷填写时长预计6分钟，请各位同学积极配合，谢谢！

1. 性别［单选题］

　　○男　　　　　　　　○女

2. 您的毕业年份［单选题］

　　○2023　　　　　　　○2024

　　○其他，请注明＿＿＿＿＿＿＿＿＿＿＿

3. 目前是否参加工作(备战考公考编考研请选否)［单选题］

　　○是

　　○否(回答否者，跳转到第11题)

4. 您现在就业的行业属于［单选题］

　　○医疗卫生行业

　　○养老行业/护理

　　○政府部门

　　○非营利性组织

　　○教育行业

　　○其他，请注明＿＿＿＿＿＿＿＿＿＿＿

5. 您目前的就业岗位［单选题］

　　○卫生管理

　　○医院管理

　　○公共卫生服务

　　○市场营销/销售

　　○人力资源

○质量控制/安全生产

○研究与开发

○其他，请注明＿＿＿＿＿＿＿＿＿＿

6. 您目前的薪资水平［单选题］

    ○5000 元以下

    ○5001～8000 元

    ○8001～12000 元

    ○12000 元以上

7. 请填写您的就业单位［填空题］＿＿＿＿＿＿＿＿＿＿＿＿＿＿＿＿

8. 您对现在的工作是否满意［单选题］

    很不满意　　○1　　○2　　○3　　○4　　○5　　很满意

9. 您认为您目前正在采取哪些措施来适应未来行业的技能需求变化？［填空题］

＿＿＿＿＿＿＿＿＿＿＿＿＿＿＿＿＿＿＿＿＿＿＿＿＿＿＿＿＿＿＿＿

10. 您认为所学专业与您的就业岗位匹配程度如何？［单选题］

    ○非常匹配

    ○基本匹配

    ○一般

    ○不太匹配

    ○完全不匹配

11. 您如何看待当前工作与个人生活的平衡？是否觉得有压力？［单选题］

    很有压力　　○1　　○2　　○3　　○4　　○5　　非常轻松

12. 您是否有考虑过继续考公务员或需要考编制？［单选题］

    ○已考且成功

    ○正在考试或准备中

    ○有考虑但未行动

    ○无此打算

13. 您是否有兴趣继续在卫生管理或者养老服务领域深造？［单选题］

    ○有，计划继续深造

    ○可能感兴趣

○暂时没有计划

○无兴趣

14. 您对所学专业课程的满意度如何？［单选题］

○非常满意

○满意

○一般

○不满意

○非常不满意

15. 贯通培养(专科阶段到本科阶段)的过程中，您认为两个阶段的衔接如何？
［单选题］

○非常顺畅

○基本顺畅

○一般

○有些许困难

○非常困难

16. 在校学习的课程中(大专及本科课程)，哪些对您目前的工作最有用？［多选
题］

□公共必修课(例如统计学、计算机、大学英语等课程，可以填写到以下空
格中)_____

□都没用

□公共选修课(例如英语写作、音乐欣赏等课程，可以填写到以下空格中)

_____

□专业必修课(例如中医、护理、公共管理等，可以填写到以下空格中)

_____

□专业选修课(例如老年市场营销、医学文献的获取与利用等，可以填写到
以下空格中)_____

□都有用

17. 在专科与本科阶段的衔接中，您认为需要改进的方面有哪些？［填空题］

_____

18. 您认为学校在教育和培训方面还有哪些可以改进的地方，以更好地帮助学生做好职业准备？[填空题]

19. 针对卫生管理或养老服务领域，您有哪些具体的建议或希望学校采纳的新措施？[填空题]

20. 您有没有其他可以分享的经验、意见或建议？[填空题]